KB044527

작심일일

1년 뒤
1% 더 나아질
나를 위해

넉스톤

작심일일

2021년 1월 21일 초판1쇄 발행

지은이 북스톤 정리
펴낸이 권정희
책임편집 이은규 | **콘텐츠사업부** 박선영, 백희경
디자인 부가트 | **펴낸곳** ㈜북스톤 | **주소** 서울특별시 성동구 연무장7길 11, 8층
대표전화 02-6463-7000 | **팩스** 02-6499-1706 | **이메일** info@book-stone.co.kr
출판등록 2015년 1월 2일 제2018-000078호.

북스톤은 세상에 오래 남는 책을 만들고자 합니다. 이에 동참을 원하는 독자 여러분의 아이디어
와 원고를 기다리고 있습니다. 책으로 엮기를 원하는 기획이나 원고가 있으신 분은 연락처와 함
께 이메일 info@ book-stone.co.kr로 보내주세요. 돌에 새기듯, 오래 남는 지혜를 전하는 데 힘
쓰겠습니다.

자신만의 행복 버튼 공유해주신 분들께 감사드립니다.
ferry, 구지은, 권재일, 김기영, 김다울, 김민화, 김예진, 김은주, 김지은, 김진솔, 김하나,
로지, 미나, 민용진, 박명지, 박선주, 박인경, 박지원, 서서희, 서지윤, 서지희, 세비, 신수진,
예은, 오혜, 이가람, 이민정, 이선호, 이승아, 이윤정, 이혜리, 이희수, 임홍주, 장유현, 정혜성,
정혜인, 조현지, 지하연, 최규은, 최유정, 합지원, 허슬기, 혜지

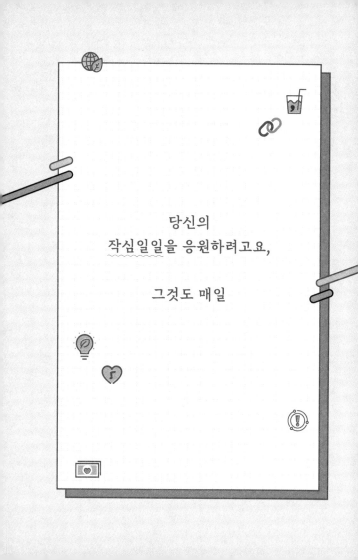

당신의
작심일일을 응원하려고요,

그것도 매일

당신의 작심, 365번 도와줄 페이스메이커

작심일일 사용법은 이렇습니다.

아침에 눈을 뜨자마자

작심일일을 펼쳐 보세요.

늘 해왔던 것일 수도

보자마자 끝낼 수 있는 일일 수도 있고

평생 한 번도 해보지 않은 일이라

망설여질 수 있어요.

그날따라 그 페이지에 적힌 행동이

마음에 안 들수도 있고요.

그러면 다시 펼쳐도 괜찮아요.

그날의 작심일일거리를 사진 찍어도 좋고,

그냥 기억해도 좋아요.

그러다
하루 중 어떤 순간에
그냥,
내켜서, 내키지 않아서,
환기하고 싶어서, 심심해서

작 심　　한 순 간
작심　한순간이니
작심한　순간에

작심일일거리를 해봐요.

작심일일거리를 성공한 그날은
해낸 순간의
기분도 충분히 느껴보세요.
메모를 남겨도 좋아요.

그런 작심일일을 365번 보내면
1년 뒤에 1% 더 나아진
당신을 만날 수 있을 거예요.

그럼 오늘부터 작심일일 시작!

텀블러 들고
외출하기

○ 기쁨

○ 평온

○ 희망

○ 자부심

○ 즐거움

○ 영감

○ 무재미

아껴야잘살지

2

페트병에
물을 담아서
변기 물탱크에 넣기

- ○ 기쁨 😀
- ○ 평온 🙂
- ○ 희망 😅
- ○ 자부심 🙂
- ○ 즐거움 😄
- ○ 영감 🙂
- ○ 무재미 😐

페트병의 그 부피만큼
물이 절약돼요!

천 원 이상
기부하기

○ 기쁨 ☺

○ 평온 ☺

○ 희망 ☺

○ 자부심 ☺

○ 즐거움 ☺

○ 영감 ☺

○ 무재미 ◉

내몸사용설명서

4

열 곡 이상의 플레이리스트 만들고 들으면서 자전거를 타거나 걷기

○ 기쁨 😄
○ 평온 🙂
○ 희망 😆
○ 자부심 😊
○ 즐거움 😄
○ 영감 🙂
○ 무재미 😶

엄선한 플레이리스트를 들으며
몸과 마음을 움직여보세요.

5

10분간
옥상으로, 비상구로,
화장실로 도망가서
좋아하는 영상 보기

- ○ 기쁨 😀
- ○ 평온 😊
- ○ 희망 😆
- ○ 자부심 😌
- ○ 즐거움 😄
- ○ 영감 😐
- ○ 무재미 😵

재밌는, 귀여운, 행복한 영상
10분만 들여다볼까요?
슬며시 미소가 떠오를 거예요.

6

전에 했던
작심일일거리 중
가장 즐거웠던 것
한 번 더 되풀이하기

○ 기쁨 😄

○ 평온 🙂

○ 희망 😁

○ 자부심 😌

○ 즐거움 😆

○ 영감 🙂

○ 무재미 ◎

어떤 작심일일거리를 했나요?

1년 후 수확을 기대하며, 집에 블루베리 심기

○ 기쁨

○ 평온

○ 희망

○ 자부심

○ 즐거움

○ 영감

○ 무재미

내몸사용설명서

8

1분간
내 호흡에
집중하기

○ 기쁨	😃
○ 평온	🙂
○ 희망	😊
○ 자부심	😌
○ 즐거움	😆
○ 영감	🙂
○ 무재미	📷

1분짜리 영상
한 편 찍기

○ 기쁨 😀	
○ 평온 🙂	유튜버의 길로 들어섰어요!
○ 희망 😄	
○ 자부심 😌	
○ 즐거움 😆	
○ 영감 😶	
○ 무재미 😑	

10

20대라면 30대, 30대라면 40대, 40대라면 50대 키워드가 들어간 책 찾기

○ 기쁨 ☺

○ 평온 ☺

○ 희망 ☺

○ 자부심 ☺

○ 즐거움 ☺

○ 영감 ☺

○ 무재미 ◎

20초 이상
손 씻기

○ 기쁨   😄

○ 평온   🙂

○ 희망   😏

○ 자부심   😌

○ 즐거움   😆

○ 영감   😐

○ 무재미   😶

비누칠도 구석 구석!

마음의소리

12

24시간
누군가를
'덕질'하며
몰입하기

○ 기쁨 ☺

○ 평온 ☺

○ 희망 ☺

○ 자부심 ☺

○ 즐거움 ☺

○ 영감 ☺

○ 무재미 ☺

2시간 이상의 봉사 활동 찾아 신청하기

○ **기쁨** 🙂
○ **평온** 🙂
○ **희망** 😋
○ **자부심** 🙂
○ **즐거움** 😆
○ **영감** 🙂
○ **무재미** 😐

vms(사회복지자원봉사인증관리), 1365 자원봉사포털 등을 통해서도 신청할 수 있어요.

내 몸 사용 설명서

14

점심 먹은 후
5분 동안
햇살 보며
머리 식히기

○ 기쁨 ☺

○ 평온 ☺

○ 희망 ☺

○ 자부심 ☺

○ 즐거움 ☺

○ 영감 ☺

○ 무재미 ☺

15

오늘은
어떤 결심도
하지 않기

○ 기쁨

○ 평온

○ 희망

○ 자부심

○ 즐거움

○ 영감

○ 무재미

현대 사회에서 결심하지 않는 것도
중요하죠?!

지구를지키자

16

3층 이하일 때는 엘리베이터 대신 계단 이용하기

○ 기쁨

○ 평온

○ 희망

○ 자부심

○ 즐거움

○ 영감

○ 무재미

나만의 행복버튼

17

오천 원
이하의 돈으로
나에게 선물주기

○ 기쁨 ☺

○ 평온 ☺

○ 희망 😆

○ 자부심 😌

○ 즐거움 😆

○ 영감 ☺

○ 무재미 ◎

18

일곱 시간 이상
푹 자기

○ 기쁨 ⌣

○ 평온 ⌣

○ 희망 ⌣

○ 자부심 ⌣

○ 즐거움 ⌣

○ 영감 ⌣

○ 무재미 ⌣

19

SNS 친구
세 명 꼽아보기

○ 기쁨   😀

○ 평온   🙂

○ 희망   😄

○ 자부심   😌

○ 즐거움   😆

○ 영감   🙂

○ 무재미   😶

너와 나의 연결고리

20

가까운 사람과 더 넓은 마음으로, 물물교환하기

○ 기쁨 😊

○ 평온 🙂

○ 희망 😄

○ 자부심 😀

○ 즐거움 😆

○ 영감 🙂

○ 무재미 😐

21

가스렌지 사용시
가스불 세기는
중간으로 하기

- ○ 기쁨   😄
- ○ 평온   🙂
- ○ 희망   😛
- ○ 자부심   😐
- ○ 즐거움   😁
- ○ 영감   😶
- ○ 무재미   😮

요리를 할 때
냄비나 프라이팬 바닥 밖으로
올라오는 불꽃은 낭비되는
가스래요!

마음의소리

22

가장
마음에 드는
내 모습 한 컷
찍기

○ 기쁨   😊

○ 평온   🙂

○ 희망   😀

○ 자부심   🙂

○ 즐거움   😆

○ 영감   🙂

○ 무재미   😶

23

가장 아쉬웠던
작심일일
적어보기

○ 기쁨
○ 평온
○ 희망
○ 자부심
○ 즐거움
○ 영감
○ 무재미

내몸사용설명서

24

가장
자신 없는 운동
하나 시작하기

○ 기쁨   ☺

○ 평온   ☺

○ 희망   ☻

○ 자부심   ☺

○ 즐거움   ☺

○ 영감   ☺

○ 무재미   ◎

가장
잘 쓰고 있는
앱 소개해주기

○ 기쁨 ☺

○ 평온 ☺

○ 희망 ☺

○ 자부심 ☺

○ 즐거움 ☺

○ 영감 ☺

○ 무재미 ☺

나만의 행복버튼

26

골목길 찾아서
투어해보기

○ 기쁨

○ 평온

○ 희망

○ 자부심

○ 즐거움

○ 영감

○ 무재미

가장 큰 걱정거리 하나를 써서 그 위에 X 표시 크게 그리기

○ 기쁨

○ 평온

○ 희망

○ 자부심

○ 즐거움

○ 영감

○ 무재미

너와나의연결고리

28

가족이나 동료
한 번
안아주기

○ 기쁨	😀
○ 평온	🙂
○ 희망	😆
○ 자부심	🙂
○ 즐거움	😄
○ 영감	🙂
○ 무재미	📷

나이가 들어도 엄마와 찐하게
포옹하는 건 큰 위로가 된대요.

아껴야잘살지

29

갖고 있는
카드들의 혜택
점검하기

○ 기쁨 😊

○ 평온 🙂

○ 희망 😀

○ 자부심 🙃

○ 즐거움 😄

○ 영감 🙂

○ 무재미 ◎

나만의 행복버튼

30

갓 마른 빨래 안고 안정감 느끼기

○ 기쁨 🙂
○ 평온 🙂
○ 희망 😀
○ 자부심 😌
○ 즐거움 😆
○ 영감 🙂
○ 무재미 🙄

건조기에서 방금 꺼낸
수건들을 안아보세요.
특히 가을, 겨울에 효과 짱이래요.

너와 나의 연결고리

31

간직하고 있는
웃긴 영상
보여주기

○ 기쁨

○ 평온

○ 희망

○ 자부심

○ 즐거움

○ 영감

○ 무재미

지구를지키자

32

개인 그릇을
들고 가서
음식 포장하기

○ 기쁨   😆

○ 평온   🙂

○ 희망   😀

○ 자부심   🙃

○ 즐거움   😆

○ 영감   🙂

○ 무재미   🎯

33

거울 보고 잘했다, 멋지다, 사랑해 3번 말하기

○ 기쁨 ☺

○ 평온 ☺

○ 희망 ☺

○ 자부심 ☺

○ 즐거움 ☺

○ 영감 ☺

○ 무재미 ◉

자기계발추천

34

경제 신문
기사 읽기

○ 기쁨   😀

○ 평온   🙂

○ 희망   😃

○ 자부심   😌

○ 즐거움   😆

○ 영감   😶

○ 무재미   😑

35

계란이나
전 부칠 때,
한번에 뒤집기

○ 기쁨

○ 평온

○ 희망

○ 자부심

○ 즐거움

○ 영감

○ 무재미

요리 능력치 +1

나만의 행복버튼

36

계절에 꼭 맞는 BGM 듣기

○ **기쁨** 😀

○ **평온** 🙂

○ **희망** 😆

○ **자부심** 😊

○ **즐거움** 😁

○ **영감** 😌

○ **무재미** 😐

봄에는 〈봄 사랑 벚꽃 말고〉

여름에는 〈다시 여기 바닷가〉

가을에는 〈가을아침〉

겨울에는 각종 캐롤을 들어보아요.

37

고개 들어
멀리 1분간
쳐다보기

- ○ 기쁨
- ○ 평온
- ○ 희망
- ○ 자부심
- ○ 즐거움
- ○ 영감
- ○ 무재미

지구를지키자

38

고기 먹은 것
SNS 등에
자랑하지 않기

○ **기쁨**　😄

○ **평온**　🙂

○ **희망**　😏

○ **자부심**　😌

○ **즐거움**　😁

○ **영감**　😶

○ **무재미**　🎯

육식 소비를 자극하지 않은 오늘.
비건으로 한발자국 다가섰네요.

39

오늘은
어떤 결심도
하지 않기

- ○ 기쁨 😀
- ○ 평온 🙂
- ○ 희망 😁
- ○ 자부심 🙂
- ○ 즐거움 😄
- ○ 영감 🙂
- ○ 무재미 😐

쉬는 날!

지구를지키자

40

공병
모았다가
반납하기

- ○ 기쁨 ☺
- ○ 평온 ☺
- ○ 희망 ☺
- ○ 자부심 ☺
- ○ 즐거움 ☺
- ○ 영감 ☺
- ○ 무재미 ☺

마트, 화장품 매장 등에 반납하고
얻을 수 있는 혜택도 알아봐요.

관심 있는 주제의 다큐멘터리 하나 시청하기

○ 기쁨

○ 평온

○ 희망

○ 자부심

○ 즐거움

○ 영감

○ 무재미

너와 나의 연결고리

42

친구와
떠났던 여행
사진 보면서
추억 여행 떠나기

○ 기쁨

○ 평온

○ 희망

○ 자부심

○ 즐거움

○ 영감

○ 무재미

공중 화장실에서
손 씻고 핸드 타월
한 장만 쓰기

○ 기쁨　　　　　　　　　　　　　　　☺
○ 평온　　　　　　　　　　　　　　　☺
○ 희망　　　　　　　　　　　　　　　☺
○ 자부심　　　　　　　　　　　　　　☺
○ 즐거움　　　　　　　　　　　　　　☺
○ 영감　　　　　　　　　　　　　　　☺
○ 무재미　　　　　　　　　　　　　　◎

근의 공식
써보기

○ 기쁨   😊   수학 능력치 +1

○ 평온   🙂

○ 희망   😌

○ 자부심   😌

○ 즐거움   😆

○ 영감   😐

○ 무재미   😶

45

근처에 있는 **초록** 식물 1분간 살펴보기

○ 기쁨   😊

○ 평온   🙂

○ 희망   😀

○ 자부심   🙂

○ 즐거움   😄

○ 영감   🙂

○ 무재미   😐

아껴야잘살지

46

기프티콘
중고로
사고 팔기

- ○ 기쁨 ☺
- ○ 평온 ☺
- ○ 희망 ☺
- ○ 자부심 ☺
- ○ 즐거움 ☺
- ○ 영감 ☺
- ○ 무재미 ☺

팔라고, 기프티스타 등
앱을 활용해보세요.

길에서
장애인을 위해
개선되어야 할 점
한 가지 발견하기

○ 기쁨

○ 평온

○ 희망

○ 자부심

○ 즐거움

○ 영감

○ 무재미

마음의소리

48

나에게
꽃 한 송이
선물하기

○ 기쁨 ☺

○ 평온 ☺

○ 희망 ☺

○ 자부심 ☺

○ 즐거움 ☺

○ 영감 ☺

○ 무재미 ☺

마음의소리

49

나라는
사람을 한 줄로
소개하기

- ○ 기쁨 ☺
- ○ 평온 ☺
- ○ 희망 ☺
- ○ 자부심 ☺
- ○ 즐거움 ☺
- ○ 영감 ☺
- ○ 무재미 ☺

마음의소리

50

나를
나타낼 수 있는
물건
다섯 가지 정하기

○ 기쁨   😀

○ 평온   🙂

○ 희망   😄

○ 자부심   🙂

○ 즐거움   😆

○ 영감   🙂

○ 무재미   😶

나도 모르게
하고 있는
차별이 있는지
생각해보기

○ 기쁨 😃
○ 평온 🙂
○ 희망 😆
○ 자부심 😐
○ 즐거움 😁
○ 영감 🙂
○ 무재미 😶

책《인권도 차별이 되나요?》
《선량한 차별주의자》를
읽는 것도 좋아요.

자기계발추천

52

나중에 볼 거라고
미뤘던 책이나
뉴스레터 읽기

○ 기쁨 ☺
○ 평온 ☺
○ 희망 ☺
○ 자부심 ☺
○ 즐거움 ☺
○ 영감 ☺
○ 무재미 ☺

남은 약
정리해서
약국으로 보내기

○ 기쁨 😀
○ 평온 🙂
○ 희망 😄
○ 자부심 😊
○ 즐거움 😆
○ 영감 😌
○ 무재미 😶

무분별하게 버려지는 폐의약품이
4대강 주변 생태계를 해치고,
항생제를 이기는 균을 만드는 등
문제가 심각해지고 있대요!

나만의행복버튼

54

내 기준에서
가장 매운
음식 먹기

- ○ 기쁨   😃
- ○ 평온   🙂
- ○ 희망   😁
- ○ 자부심   🙂
- ○ 즐거움   😆
- ○ 영감   🙂
- ○ 무재미   😐

마라탕, 불닭볶음면, 엽기떡볶이 등
맵지만 맛있는 음식 먹으며
스트레스 날려요.

내 마음속
고민을 낙서로
표현하기

- ○ 기쁨
- ○ 평온
- ○ 희망
- ○ 자부심
- ○ 즐거움
- ○ 영감
- ○ 무재미

나만의 행복버튼

56

내 머리는 내가,
헤어 드라이
완벽하게 하기

○ **기쁨** ☺

○ **평온** ☺

○ **희망** ☺

○ **자부심** ☺

○ **즐거움** ☺

○ **영감** ☺

○ **무재미** ☺

기분전환 하는 데에는
헤어 스타일 바꾸기가 제격!
매번 미용실 갈 수 없으니
오늘은 내 손으로, 조금 다르게
드라이해봐요.

57

'내 손안의
분리배출'
앱 다운받아
사용하기

- ○ 기쁨
- ○ 평온
- ○ 희망
- ○ 자부심
- ○ 즐거움
- ○ 영감
- ○ 무재미

마음의소리

58

내 이름
한자로 써보고
의미 새기기

○ 기쁨	😊
○ 평온	🙂
○ 희망	😁
○ 자부심	🙂
○ 즐거움	😄
○ 영감	🙂
○ 무재미	😐

59

내 주변
사람으로부터
본받을 점
하나 찾기

○ 기쁨 ☺

○ 평온 ☺

○ 희망 ☺

○ 자부심 ☺

○ 즐거움 ☺

○ 영감 ☺

○ 무재미 ◎

아껴야잘살지

60

내 주변 물건의 제조사를 알아보고 상장된 기업인지 찾아보기

○ 기쁨	😀
○ 평온	🙂
○ 희망	😆
○ 자부심	😐
○ 즐거움	😋
○ 영감	🙃
○ 무재미	📷

내 이름으로
삼행시(이행시 /
사행시) 짓기

○ 기쁨

○ 평온

○ 희망

○ 자부심

○ 즐거움

○ 영감

○ 무재미

너와 나의 연결고리

62

내 주변에
있는 사람에게
칭찬 건네기

○ 기쁨 😃

○ 평온 🙂

○ 희망 😄

○ 자부심 🙂

○ 즐거움 😆

○ 영감 🙂

○ 무재미 😮

63

내 취향 담아서
'~~에 진심인 편'
문장 써먹기

- ○ 기쁨
- ○ 평온
- ○ 희망
- ○ 자부심
- ○ 즐거움
- ○ 영감
- ○ 무재미

너와 나의 연결고리

64

내 친구를
또 다른 친구에게
소개하기

○ 기쁨	😀
○ 평온	😊
○ 희망	😄
○ 자부심	😐
○ 즐거움	😆
○ 영감	😌
○ 무재미	😶

내가 가진 물건 중
환경 보호 실천하는
기업들의 상품
찾아보기

○ 기쁨   😊

○ 평온   🙂

○ 희망   😀

○ 자부심   😌

○ 즐거움   😆

○ 영감   🙂

○ 무재미   😑

아껴야잘살지

66

내가 내는
세금의 종류
알아보기

○ 기쁨	😀
○ 평온	🙂
○ 희망	😃
○ 자부심	😐
○ 즐거움	😆
○ 영감	😶
○ 무재미	😳

67

'내가 만약
창업을 한다면'
상상해보기

- ○ 기쁨 😀
- ○ 평온 🙂
- ○ 희망 😄
- ○ 자부심 😌
- ○ 즐거움 😆
- ○ 영감 😃
- ○ 무재미 🎯

창업 아이템은?

내 리더십 스타일은?

내가 무심코
사 먹는 식품의
성분표 보기

○ 기쁨

○ 평온

○ 희망

○ 자부심

○ 즐거움

○ 영감

○ 무재미

내가 무엇을 할 때 가장 행복한지 쓴 후 실천 계획 세우기

- ○ 기쁨   😃
- ○ 평온   🙂
- ○ 희망   😄
- ○ 자부심   🙂
- ○ 즐거움   😆
- ○ 영감   🙂
- ○ 무재미   😶

마음의소리

70

내가 미워하는
사람을 1%
덜 미워하기

○ 기쁨 ☺
○ 평온 ☺
○ 희망 ☺
○ 자부심 ☺
○ 즐거움 ☺
○ 영감 ☺
○ 무재미 ☺

71

냉장고 문
자주 여닫지
않기

○ 기쁨   😃

○ 평온   🙂

○ 희망   😆

○ 자부심   😌

○ 즐거움   😁

○ 영감   🙂

○ 무재미   📷

열기 전 꺼낼 것 한 번 더 생각해요!

자기계발추천

72

내가
하는 일에 대해
일기 쓰기

○ 기쁨 😃

○ 평온 🙂

○ 희망 😄

○ 자부심 😌

○ 즐거움 😆

○ 영감 🙂

○ 무재미 😐

나는 어떤 일을 하고 있지?

하고 싶지?

어떻게 일하고 있지?

냉난방 온도 조절보단 옷 덜 입고 더 입기

○ 기쁨

○ 평온

○ 희망

○ 자부심

○ 즐거움

○ 영감

○ 무재미

내가 웹소설 작가라면? 내 **필명** 짓기

- ○ 기쁨
- ○ 평온
- ○ 희망
- ○ 자부심
- ○ 즐거움
- ○ 영감
- ○ 무재미

냉장고
정리하기

○ 기쁨	☺
○ 평온	☺
○ 희망	☺
○ 자부심	☺
○ 즐거움	☺
○ 영감	☺
○ 무재미	☺

냉장실은 60%,
냉동실은 꽉꽉 채우는 게
전기 효율에 좋대요.

지구를지키자

76

냉장고에
있는 재료로
요리하기

○ 기쁨　　😊
○ 평온　　🙂
○ 희망　　😁
○ 자부심　😌
○ 즐거움　😄
○ 영감　　🙃
○ 무재미　😑

오늘은 내가 요리사!
냉장고 파먹기 성공!

냉정하게
코디
코칭해주기

○ 기쁨 ☺
○ 평온 ☺
○ 희망 ☺
○ 자부심 ☺
○ 즐거움 ☺
○ 영감 ☺
○ 무재미 ☺

마음의소리

78

노래 들으면서
목욕하기

○ 기쁨		😄
○ 평온		🙂
○ 희망		😃
○ 자부심		🙃
○ 즐거움		😆
○ 영감		😶
○ 무재미		😐

누운 김에
브릿지 자세
스무 개 하기

○ 기쁨   😄

○ 평온   🙂

○ 희망   😀

○ 자부심   😐

○ 즐거움   😆

○ 영감   😶

○ 무재미   😵

누울 수 있는데 왜 안 눕는 거죠?

마음의소리

80

눈 앞에
보이는 거
아무거나
그림 그려보기

○ 기쁨	😃
○ 평온	😊
○ 희망	😀
○ 자부심	😑
○ 즐거움	😆
○ 영감	🙂
○ 무재미	😐

너와 나의 연결고리

81

눈팅만 하던
SNS 계정 게시글에
응원의 댓글 남기기

○ 기쁨

○ 평온

○ 희망

○ 자부심

○ 즐거움

○ 영감

○ 무재미

나만의행복버튼

82

느닷없이
잊을 수 없는,
여행가서 먹었던
로컬푸드 먹으러 가기

○ 기쁨 😀

○ 평온 🙂

○ 희망 😄

○ 자부심 😊

○ 즐거움 😆

○ 영감 😌

○ 무재미 😶

청주에 맛있는
티라미수 가게가 있대요.
아끼는 지역 맛집이 있나요?

내 몸 사용 설명서

83

다른 나라
전통춤
따라 추기

○ 기쁨 ☺

○ 평온 ☺

○ 희망 ☻

○ 자부심 ☺

○ 즐거움 ☺

○ 영감 ☺

○ 무재미 ☺

발리우드 영상을 켜서
인도 배우들의 춤을 따라해볼까요?

자기계발추천

84

다른 사람의
인상 깊은 말이나
이야기 적기

- ○ 기쁨
- ○ 평온
- ○ 희망
- ○ 자부심
- ○ 즐거움
- ○ 영감
- ○ 무재미

85

다음
일주일 예산
세우기

○ 기쁨

○ 평온

○ 희망

○ 자부심

○ 즐거움

○ 영감

○ 무재미

당이 필요해 보이는
동료에게
초콜릿 하나 건네기

○ 기쁨 ☺

○ 평온 ☺

○ 희망 ☺

○ 자부심 ☺

○ 즐거움 ☺

○ 영감 ☺

○ 무재미 ☺

87

더위를 타는
친구에게 부채
선물하기

○ 기쁨 ☺

○ 평온 ☺

○ 희망 ☺

○ 자부심 ☺

○ 즐거움 ☺

○ 영감 ☺

○ 무재미 ☺

너와나의연결고리

88

동료에게
내 인생 노래
한 곡 추천하기

○ 기쁨	🙂
○ 평온	🙂
○ 희망	😃
○ 자부심	🙂
○ 즐거움	😄
○ 영감	🙂
○ 무재미	🙂

동네 서점 가서
책 사기

○ 기쁨	☺
○ 평온	☺
○ 희망	☺
○ 자부심	☺
○ 즐거움	☺
○ 영감	☺
○ 무재미	☺

책은 읽을 책을 사는 게 아니라
산 책 중에 읽는 거래요.

자기계발추천

90

도서관에서
읽고 싶었던 책 1권,
처음 보는 책 1권
빌려오기

○ 기쁨　　　　　　　　　　　　　　　　😀

○ 평온　　　　　　　　　　　　　　　　🙂

○ 희망　　　　　　　　　　　　　　　　😄

○ 자부심　　　　　　　　　　　　　　　🙂

○ 즐거움　　　　　　　　　　　　　　　😄

○ 영감　　　　　　　　　　　　　　　　🙂

○ 무재미　　　　　　　　　　　　　　　😐

동료에게
따뜻한 말이 담긴
메모 남기기

○ 기쁨   😃

○ 평온   🙂

○ 희망   😄

○ 자부심   😊

○ 즐거움   😆

○ 영감   🙂

○ 무재미   😶

마음의소리

92

또 다른 나,
부캐 만들기

- ○ **기쁨** 😀
- ○ **평온** 🙂
- ○ **희망** 😄
- ○ **자부심** 🙃
- ○ **즐거움** 😆
- ○ **영감** 🙂
- ○ **무재미** 🎯

유산슬, 김다비, 지미유, 마미손 등
자신의 또 다른 능력치를 쓸 수 있는
부캐를 만들어보세요.

93

떠올리면
기분 좋아지는
나만의 단어
만들기

○ **기쁨** ☺

○ **평온** ☺

○ **희망** ☺

○ **자부심** ☺

○ **즐거움** ☺

○ **영감** ☺

○ **무재미** ☺

구름구름해=기분 좋아.

나만의행복버튼

94

따뜻한 물에 씻고
좋아하는
잠옷 입기

○ 기쁨 ☺

○ 평온 ☺

○ 희망 ☺

○ 자부심 ☺

○ 즐거움 ☺

○ 영감 ☺

○ 무재미 ☺

따뜻한 물로 샤워하고
뽀송한 샤워가운이나 새 옷을
꺼내 입어요.

랜선 집들이,
모임 해보기

- ○ 기쁨
- ○ 평온
- ○ 희망
- ○ 자부심
- ○ 즐거움
- ○ 영감
- ○ 무재미

지구를지키자

96

랩, 호일 대신
뚜껑, 그릇
사용하기

○ 기쁨	☺
○ 평온	☺
○ 희망	☺
○ 자부심	☺
○ 즐거움	☺
○ 영감	☺
○ 무재미	☺

로또 사기

○ 기쁨	😀
○ 평온	🙂
○ 희망	😃
○ 자부심	😌
○ 즐거움	😁
○ 영감	😗
○ 무재미	😐

지갑 속 로또 복권을 보며
일주일간 즐거운 상상을 해요.

지구를지키자

98

리필이 가능한
제품 구매하기

○ 기쁨

○ 평온

○ 희망

○ 자부심

○ 즐거움

○ 영감

○ 무재미

만 원 이하로
캠핑 요리
만들기

○ **기쁨** 😀

○ **평온** 🙂

○ **희망** 😄

○ **자부심** 🙂

○ **즐거움** 😆

○ **영감** 😐

○ **무재미** 🫥

캠핑 가면 재료도, 도구도,
물도 평소보단 알뜰하게
사용하지 않나요?
팬 하나로 요리 도전해볼까요?

아껴야잘살지
100

만 원으로
다이소 가서
사고픈 거
다 사기

○ 기쁨 ☺
○ 평온 ☺
○ 희망 ☺
○ 자부심 ☺
○ 즐거움 ☺
○ 영감 ☺
○ 무재미 ◎

만 원의 행복!

101

맛있는데
살 안 찌는 음식
개발하기

- ○ 기쁨
- ○ 평온
- ○ 희망
- ○ 자부심
- ○ 즐거움
- ○ 영감
- ○ 무재미

자기계발추천

102

먹자마자
바로
설거지하기

- ○ 기쁨
- ○ 평온
- ○ 희망
- ○ 자부심
- ○ 즐거움
- ○ 영감
- ○ 무재미

메일함
비우기

○ 기쁨	😄
○ 평온	🙂
○ 희망	😁
○ 자부심	😊
○ 즐거움	😆
○ 영감	🙂
○ 무재미	😐

메일함에 쌓여있는 메일의 메모리를
사용하기 위해 24시간 내내
냉각 장치가 작동한대요.
냉각 장치는 전기를 사용하고,
전기 생산을 위해 화석 연료를 쓰니까
이산화탄소 발생으로 인한 환경 오염을
일으킨다고요.

자기계발추천

104

명언 한 구절
찾아서
의미 새기기

○ 기쁨	😄
○ 평온	🙂
○ 희망	😄
○ 자부심	🙂
○ 즐거움	😄
○ 영감	🙂
○ 무재미	🌑

105

모든 메신저를
하루 종일
끊어보기

- ○ 기쁨 😃
- ○ 평온 🙂
- ○ 희망 😀
- ○ 자부심 😊
- ○ 즐거움 😆
- ○ 영감 😌
- ○ 무재미 😐

카톡이나 라인, 다이렉트 메시지 등
끊을 수 있는 것은 끊어보아요.

나만의 행복버튼

106

모바일 앱으로
게임하기

- ○ 기쁨 😀
- ○ 평온 🙂
- ○ 희망 😄
- ○ 자부심 😌
- ○ 즐거움 😆
- ○ 영감 😐
- ○ 무재미 ◎

모바일 퍼즐 게임 한 판 어때요?
짧은 시간에 확실하게
스트레스 날릴 수 있을 거예요.

지구를지키자
107

모임에서
환경 보호
이야기 꺼내기

○ 기쁨 ☺

○ 평온 ☺

○ 희망 ☺

○ 자부심 ☺

○ 즐거움 ☺

○ 영감 ☺

○ 무재미 ◎

나만의 행복버튼

108

목적지 없이
아무 버스 타고
어디론가 가기

- ○ 기쁨 😀
- ○ 평온 😊
- ○ 희망 😏
- ○ 자부심 😌
- ○ 즐거움 😆
- ○ 영감 🙂
- ○ 무재미 😶

잠깐이라도 여행하는
기분이 들 거예요.

내몸사용설명서

109

목적지보다
한 정거장
먼저 내려 걷기

○ 기쁨   🙂
○ 평온   🙂
○ 희망   😁
○ 자부심   🙂
○ 즐거움   😄
○ 영감   🙂
○ 무재미   🔘

자기계발추천

110

미국
영화나 드라마
한국어 <u>자막 없이</u>
보기

○ 기쁨　　　　　　　　　　　　　😀

○ 평온　　　　　　　　　　　　　🙂

○ 희망　　　　　　　　　　　　　😄

○ 자부심　　　　　　　　　　　　😊

○ 즐거움　　　　　　　　　　　　😆

○ 영감　　　　　　　　　　　　　🙂

○ 무재미　　　　　　　　　　　　😶

미세 플라스틱 알갱이가 들어있는 화장품, 제품 피하기

- ○ 기쁨
- ○ 평온
- ○ 희망
- ○ 자부심
- ○ 즐거움
- ○ 영감
- ○ 무재미

마음의소리

112

바쁘다는 말
한 번도 안 하기

○ 기쁨 ☺
○ 평온 ☺
○ 희망 ☺
○ 자부심 ☺
○ 즐거움 ☺
○ 영감 ☺
○ 무재미 ☺

나만의 행복버튼

113

반려동물
냄새 맡기

○ 기쁨 😀

○ 평온 🙂

○ 희망 😏

○ 자부심 😌

○ 즐거움 😆

○ 영감 🙃

○ 무재미 ⊙

반려견 발바닥 꼬순내 아시나요?
한 번 맡아 보면 사진, 영상만 봐도
꼬순내 나는 것 같아요.

지구를지키자

114

배달 음식 시킬 때
'일회용 수저
안 주셔도 돼요'
체크하기

- ○ 기쁨
- ○ 평온
- ○ 희망
- ○ 자부심
- ○ 즐거움
- ○ 영감
- ○ 무재미

반려식물 하나
데려오기

○ 기쁨 ☺
○ 평온 ☺
○ 희망 ☺
○ 자부심 ☺
○ 즐거움 ☺
○ 영감 ☺
○ 무재미 ☺

물 주고,
말 걸며 키워요.

마음의소리

116

방 안에 있는
한 물건의
역사를 짚어보기

○ 기쁨   😀
○ 평온   🙂
○ 희망   😆
○ 자부심 😌
○ 즐거움 😆
○ 영감   🙃
○ 무재미 😶

이 물건은
어떻게 집에 오게 되어~

나만의 행복버튼

117

방에
좋아하는 향
뿌리기

○ 기쁨 😊

○ 평온 🙂

○ 희망 😄

○ 자부심 😌

○ 즐거움 😆

○ 영감 🙃

○ 무재미 😐

좋아하는 향수를 뿌려
기분을 환기해보세요.

나만의행복버튼

118

반려동물과
눈 맞추고
오늘 일 공유하기

- ○ 기쁨 😀
- ○ 평온 🙂
- ○ 희망 😃
- ○ 자부심 🙂
- ○ 즐거움 😆
- ○ 영감 🙂
- ○ 무재미 🙄

나만 반려동물 없어?!
랜선 집사가 되어 보세요.

지구를지키자

119

'지구의 날'
기억하고
챙기기

○ 기쁨   😀

○ 평온   🙂

○ 희망   😄

○ 자부심 😌

○ 즐거움 😆

○ 영감   😶

○ 무재미 😵

4월 22일 오후 8시

전국에서 10분간 소등 행사도 합니다.

오늘은 나만의 지구의 날이라고 치고,

소등 행사 해볼까요?

120

비공개 인스타그램 계정을 만든 후 누구에게도 말할 수 없는 비밀 털어놓기

○ 기쁨 😊
○ 평온 😌
○ 희망 😄
○ 자부심 😐
○ 즐거움 😁
○ 영감 🙂
○ 무재미 📷

'임금님 귀는 당나귀 귀'라고 외치던 대나무숲 현대 버전!

비건 관련
책 읽기

○ 기쁨	😀
○ 평온	🙂
○ 희망	😆
○ 자부심	😋
○ 즐거움	😄
○ 영감	😌
○ 무재미	😮

『아무튼, 비건』
『나의 비거니즘 만화』
『월든』추천해요.

지구를지키자

122

봉투, 종이백
재사용하기

- ○ 기쁨 🙂
- ○ 평온 🙂
- ○ 희망 😀
- ○ 자부심 😊
- ○ 즐거움 😆
- ○ 영감 🙂
- ○ 무재미 😶

비타민
챙겨 먹기

○ 기쁨 ☺
○ 평온 ☺
○ 희망 ☺
○ 자부심 ☺
○ 즐거움 ☺
○ 영감 ☺
○ 무재미 ☺

비타민 A, B, C, D….

아껴야잘살지

124

빚 갚는다는
생각으로
강제 저축 한 번!

○ 기쁨   😃
○ 평온   🙂
○ 희망   😀
○ 자부심   🙃
○ 즐거움   😄
○ 영감   🙂
○ 무재미   🎞

125

빨대
쓰지 않고
음료 마시기

○ 기쁨

○ 평온

○ 희망

○ 자부심

○ 즐거움

○ 영감

○ 무재미

아껴야잘살지

126

사고 싶은 물건
눈으로 실컷 보고
돌아오기

- ○ 기쁨 ☺
- ○ 평온 ☺
- ○ 희망 ☺
- ○ 자부심 ☺
- ○ 즐거움 ☺
- ○ 영감 ☺
- ○ 무재미 ☺

127

사진 하나 찍고
관련 기록
남기기

- ○ 기쁨 ☺
- ○ 평온 ☺
- ○ 희망 ☺
- ○ 자부심 ☺
- ○ 즐거움 ☺
- ○ 영감 ☺
- ○ 무재미 ☺

아껴야잘살지
128

사용하지 않는
전등 끄기

○ 기쁨	😊
○ 평온	🙂
○ 희망	😄
○ 자부심	😐
○ 즐거움	😆
○ 영감	😶
○ 무재미	😮

사용한 마스크 철저하게 버리기

- ○ **기쁨** ☺
- ○ **평온** ☺
- ○ **희망** ☺
- ○ **자부심** ☺
- ○ **즐거움** ☺
- ○ **영감** ☺
- ○ **무재미** ☺

1. 양쪽 끈을 잘라요.
2. 오염되었을지 모르는 마스크
   바깥 면을 안쪽이 되도록
   반으로 접어요.
3. 접은 상태에서 돌돌 말아요.
4. 자른 끈으로 꽁꽁 묶어요.

아껴야잘살지
130

사고 싶은 물건이나 필요한 물건 **중고 거래가** 알아보기

○ 기쁨	😃
○ 평온	🙂
○ 희망	😀
○ 자부심	😌
○ 즐거움	😄
○ 영감	🙂
○ 무재미	😑

131

삶은 계란
한번에
매끄럽게 까기!

○ 기쁨 😀
○ 평온 🙂
○ 희망 😋
○ 자부심 😐
○ 즐거움 😄
○ 영감 😶
○ 무재미 😑

사소한 일이지만 한번에 성공했을 때
'아싸!' 하고 외쳐봐요.

너와 나의 연결고리

132

새로운 게임
하나 해보기

○ **기쁨** 😀
○ **평온** 🙂
○ **희망** 😄
○ **자부심** 😌
○ **즐거움** 😆
○ **영감** 😶
○ **무재미** 😐

유행하는 틱톡 챌린지,
동문서답 게임, 양세찬 게임 등
평소 하지 않았던 게임을
시도해보세요.

새로운 공간
방문하기

○ 기쁨

○ 평온

○ 희망

○ 자부심

○ 즐거움

○ 영감

○ 무재미

아껴야잘살지

134

세수
비누칠할 때
물 꺼놓기

- ○ 기쁨 ☺
- ○ 평온 ☺
- ○ 희망 ☺
- ○ 자부심 ☺
- ○ 즐거움 ☺
- ○ 영감 ☺
- ○ 무재미 ☺

135

새벽 기상해서 따뜻한 차나 커피 마시기

○ 기쁨 😃

○ 평온 🙂

○ 희망 😄

○ 자부심 😊

○ 즐거움 😁

○ 영감 🙂

○ 무재미 😐

○ success

지구를 지키자

136

샤워 혹은
목욕 시간
줄이기

- ○ 기쁨 ☺
- ○ 평온 ☺
- ○ 희망 ☺
- ○ 자부심 ☺
- ○ 즐거움 ☺
- ○ 영감 ☺
- ○ 무재미 ☺

서로
안마해주기

○ 기쁨   😄

○ 평온   🙂

○ 희망   😀

○ 자부심   🙂

○ 즐거움   😄

○ 영감   🙂

○ 무재미   😐

서로의 취미
함께 해보기

○ 기쁨 😄

○ 평온 🙂

○ 희망 😁

○ 자부심 😌

○ 즐거움 😆

○ 영감 🙂

○ 무재미 😶

함께 원데이클래스
가보는 것도 좋아요!

🔗

둘레길
한 곳 걷기

○ 기쁨

○ 평온

○ 희망

○ 자부심

○ 즐거움

○ 영감

○ 무재미

내 몸 사용설명서

140

서울의
한강 다리 하나
걸어서 건너기

○ 기쁨	😊
○ 평온	🙂
○ 희망	😀
○ 자부심	🙂
○ 즐거움	😄
○ 영감	🙂
○ 무재미	😐

서점 가서
잡지 골라보기

○ 기쁨 😃

○ 평온 🙂

○ 희망 😄

○ 자부심 🙂

○ 즐거움 😆

○ 영감 🙂

○ 무재미 😶

대형 서점에서
즉흥적으로 책
한 권 구매하기

- ○ 기쁨 😀
- ○ 평온 😌
- ○ 희망 😁
- ○ 자부심 😌
- ○ 즐거움 😄
- ○ 영감 😗
- ○ 무재미 😐

그렇게 많은 책 중에
한 권 고르는 사이
'요즘의 나'를 발견할지도 몰라요.

설거지할 때 설거지통에 물 받아서 하기

- ○ 기쁨
- ○ 평온
- ○ 희망
- ○ 자부심
- ○ 즐거움
- ○ 영감
- ○ 무재미

자기계발추천

144

새로운
영어 단어
하나 외우기

- ○ 기쁨
- ○ 평온
- ○ 희망
- ○ 자부심
- ○ 즐거움
- ○ 영감
- ○ 무재미

이미 알고 있는 단어의 정확한 발음을
찾아보는 것도 좋아요.

소비일기
쓰기

○ 기쁨	😃	얼마를 썼냐보다
○ 평온	🙂	왜 썼냐를 아는 것이
○ 희망	😁	절약의 지름길!
○ 자부심	🙂	
○ 즐거움	😄	
○ 영감	🙂	
○ 무재미	🙄	

146

손 씻고
핸드 크림 &
립밤 바르기

○ 기쁨	😃
○ 평온	🙂
○ 희망	😬
○ 자부심	😐
○ 즐거움	😆
○ 영감	😕
○ 무재미	😵

여름에는 산뜻하게,
겨울에는 촉촉하게 유지해요!

수시로 건강
체크하기

○ 기쁨 ☺

○ 평온 ☺

○ 희망 ☺

○ 자부심 ☺

○ 즐거움 ☺

○ 영감 ☺

○ 무재미 ☺

종잣돈이 치료비로 나가면
너무 슬프잖아요.

너와 나의 연결고리

148

요일에 의미를
부여하는
모임 만들기

- ○ **기쁨** 😊
- ○ **평온** 🙂
- ○ **희망** 😏
- ○ **자부심** 🙂
- ○ **즐거움** 😄
- ○ **영감** 🙂
- ○ **무재미** 🙃

수요미식회, 월멍(월요일에 특별히
마음챙김 모임) 클럽 등을 참고하세요.

149

식당에서
음식 주문할 때
조금 모자란 듯
시키기

- ○ 기쁨
- ○ 평온
- ○ 희망
- ○ 자부심
- ○ 즐거움
- ○ 영감
- ○ 무재미

지구를지키자

150

술안주
안 남기고
다 먹기

- ○ 기쁨
- ○ 평온
- ○ 희망
- ○ 자부심
- ○ 즐거움
- ○ 영감
- ○ 무재미

151

스쿼트 자세로
1분 버티기

○ 기쁨　(ツ)
○ 평온　(ツ)
○ 희망　(ツ)
○ 자부심　(ツ)
○ 즐거움　(ツ)
○ 영감　(ツ)
○ 무재미　(ⓞ)

스쿼트 20초만 하려고 했는데
버티다 보니 1분! 성취감 빡!
즐거움 빡!

152

스트레스 해소 리스트 10개 만들기

○ 기쁨

○ 평온

○ 희망

○ 자부심

○ 즐거움

○ 영감

○ 무재미

153

시상식장에서
소감을 말하는
배우처럼 **당당하고**
멋지게 말하기

○ 기쁨 ☺

○ 평온 ☺

○ 희망 ☺

○ 자부심 ☺

○ 즐거움 ☺

○ 영감 ☺

○ 무재미 ☺

지구를지키자

154

시장에서
로컬푸드 사기

○ 기쁨 ☺
○ 평온 ☺
○ 희망 ☺
○ 자부심 ☺
○ 즐거움 ☺
○ 영감 ☺
○ 무재미 ☺

무역을 통해 들어오는 음식물들은
그 과정에서 온실가스를
발생시킨대요.

155

수화 한 마디
외우기

○ 기쁨 ☺

○ 평온 ☺

○ 희망 ☻

○ 자부심 ☺

○ 즐거움 ☻

○ 영감 ☺

○ 무재미 ◎

나만의행복버튼

156

신나는 노래
크게, 텐션 올려서
내 방 클럽 분위기로
만들기

○ **기쁨** 😆
○ **평온** 🙂
○ **희망** 😅
○ **자부심** 😊
○ **즐거움** 😵
○ **영감** 🙁
○ **무재미** 😑

이어폰을 끼더라도
기분만큼은 클럽 왔다 치고!

157

신나는 노래
틀어 놓고
3분 간 쉬지 않고
춤추기

- ○ 기쁨 😄
- ○ 평온 😊
- ○ 희망 😃
- ○ 자부심 🙂
- ○ 즐거움 😆
- ○ 영감 🙂
- ○ 무재미 😑

자기계발추천

158

신문 기사
하나 읽고
한 줄 요약하기

○ 기쁨   ☺

○ 평온   ☺

○ 희망   ☺

○ 자부심   ☺

○ 즐거움   ☺

○ 영감   ☺

○ 무재미   ☺

싫어하는 감정이 깃든 옷이나 가구 처분하기

○ 기쁨

○ 평온

○ 희망

○ 자부심

○ 즐거움

○ 영감

○ 무재미

마음의소리

160

싫으면 싫다고
단호하게
말하기

○ 기쁨

○ 평온

○ 희망

○ 자부심

○ 즐거움

○ 영감

○ 무재미

쓰고 있는 물건 중
하나를 친환경
제품으로 바꾸기

- ○ 기쁨 😄
- ○ 평온 🙂
- ○ 희망 😃
- ○ 자부심 😊
- ○ 즐거움 😆
- ○ 영감 🙂
- ○ 무재미 😶

대나무 칫솔, 샴푸바,
친환경 수세미 등을 살펴보세요.

아껴야잘살지

162

쓴 돈 다시 보자!
가계부 보면서
칭찬, 반성하기

- ○ 기쁨 😃
- ○ 평온 🙂
- ○ 희망 😀
- ○ 자부심 😊
- ○ 즐거움 😆
- ○ 영감 😌
- ○ 무재미 😑

가계부 안 쓰고 있다면
지금 시작하기!

아나운서처럼
발음 연습하기

○ 기쁨	😃	가갸거겨고교구규그기,
○ 평온	🙂	나냐너녀노뇨누뉴느니...
○ 희망	😬	하햐허혀호효후휴흐히.
○ 자부심	😐	
○ 즐거움	😆	
○ 영감	😶	
○ 무재미	🫥	

아침
먹기

○ **기쁨**

○ **평온**

○ **희망**

○ **자부심**

○ **즐거움**

○ **영감**

○ **무재미**

조금은 정성스럽게 나를 위한

아침 식사의 느낌으로,

평소 아침을 먹지 않는다면

속이 편한 차나 유동식으로

아침 시간을 가져요.

자기계발추천

165

아이돌 댄스
한 곡
마스터하기

○ 기쁨   ☺

○ 평온   ☺

○ 희망   ☺

○ 자부심   ☺

○ 즐거움   ☺

○ 영감   ☺

○ 무재미   ☺

자기계발추천

166

아래 키워드 중
하나를 선택해서
그에 관해
다섯 줄 이상 써보기

○ 기쁨　　☺

○ 평온　　☺

○ 희망　　☺

○ 자부심　☺

○ 즐거움　☺

○ 영감　　☺

○ 무재미　☺

시작, 챌린지, 행복, 시간

아침, 점심, 저녁의
<u>하늘 사진</u>
하나씩 찍기

○ 기쁨

○ 평온

○ 희망

○ 자부심

○ 즐거움

○ 영감

○ 무재미

아껴야잘살지

168

아침부터
저녁까지,
온라인 무지출
도전!

○ 기쁨
○ 평온
○ 희망
○ 자부심
○ 즐거움
○ 영감
○ 무재미

온라인을 통해 그 어떤 것도
사지 않는 시간을 가져보세요.

아침에 일어나서
명상 음악 틀고
3분간 명상하기

○ 기쁨

○ 평온

○ 희망

○ 자부심

○ 즐거움

○ 영감

○ 무재미

○ success

아껴야잘살지

170

안 쓰는
전자기기 플러그
뽑아 놓기

○ 기쁨 ⊙

○ 평온 ⊙

○ 희망 ⊙

○ 자부심 ⊙

○ 즐거움 ⊙

○ 영감 ⊙

○ 무재미 ⊙

자기계발추천

171

이동 중에
오디오북 듣기

○ 기쁨

○ 평온

○ 희망

○ 자부심

○ 즐거움

○ 영감

○ 무재미

자기계발추천

172

아침에
일어나서 바로
침대 정리하기

- ○ 기쁨 😀
- ○ 평온 🙂
- ○ 희망 😏
- ○ 자부심 😐
- ○ 즐거움 😄
- ○ 영감 🙂
- ○ 무재미 😶

퇴근 후 집에 도착했을 때
가지런하게 정리되어있는
침구를 보면, 호텔 온 것 같은
기분이 들지도 몰라요.

안 입는 옷,
안 쓰는 물건
기부하기

○ 기쁨 😀
○ 평온 🙂
○ 희망 😋
○ 자부심 🙃
○ 즐거움 😆
○ 영감 😐
○ 무재미 😑

아름다운 가게가 유명하고요,
겨울에는 유기견보호소에
이불이 필요하기도 하대요.

아껴야잘살지

174

앱테크
한 가지
시작하기

○ 기쁨

○ 평온

○ 희망

○ 자부심

○ 즐거움

○ 영감

○ 무재미

175

야경 보며
한 시간
러닝하기

○ 기쁨   :)

○ 평온   :)

○ 희망   :)

○ 자부심   :)

○ 즐거움   :D

○ 영감   :)

○ 무재미   O

당신만의 야경 스폿이 있나요?

아껴야잘살지

176

약속이 있다면?!
이동 코스와
예산 미리 짜기

- ○ 기쁨 ☺
- ○ 평온 ☺
- ○ 희망 ☺
- ○ 자부심 ☺
- ○ 즐거움 ☺
- ○ 영감 ☺
- ○ 무재미 ☺

177

오늘은
어떤 결심도
하지 않기

○ 기쁨 😀

○ 평온 🙂

○ 희망 😄

○ 자부심 😌

○ 즐거움 😆

○ 영감 🙂

○ 무재미 😵

쉬는 날!

너와 나의 연결고리
178

5개 국어로
'안녕하세요'
찾아 외우기

○ 기쁨	😃
○ 평온	🙂
○ 희망	😁
○ 자부심	😊
○ 즐거움	😆
○ 영감	🙃
○ 무재미	🙄

어떤 산이든
등산하기

○ 기쁨

○ 평온

○ 희망

○ 자부심

○ 즐거움

○ 영감

○ 무재미

내몸사용설명서

180

양치 후
치실이나
가글 하기

○ 기쁨

○ 평온

○ 희망

○ 자부심

○ 즐거움

○ 영감

○ 무재미

어릴 때 좋아했던 만화 영화 찾아보기

○ 기쁨 😄
○ 평온 🙂
○ 희망 😁
○ 자부심 😌
○ 즐거움 😆
○ 영감 🙂
○ 무재미 😐

나만의행복버튼

182

어릴 적
사진, 영상
찾아보기

○ 기쁨 ☺

○ 평온 ☺

○ 희망 ☺

○ 자부심 ☺

○ 즐거움 ☺

○ 영감 ☺

○ 무재미 ☺

아장아장 걷기만 해도 사랑받던,
아무 걱정 없이 웃고 있는 나를 보며
슬며시 웃어보아요.

183

어차피 사야 할
물건이라면
<u>공정 무역</u> 제품으로
사기

- ○ 기쁨
- ○ 평온
- ○ 희망
- ○ 자부심
- ○ 즐거움
- ○ 영감
- ○ 무재미

해외여행
계획 세우기

○ 기쁨   😊

○ 평온   🙂

○ 희망   😏

○ 자부심   😐

○ 즐거움   😆

○ 영감   😶

○ 무재미   😮

상황 때문에, 돈 때문에…
언제 갈 수 있을지 모르지만
간다 치고!

185

언젠가
갖고 싶은,
어려운 취미 하나
정하기

- ○ 기쁨 😃
- ○ 평온 🙂
- ○ 희망 😄
- ○ 자부심 🙂
- ○ 즐거움 😆
- ○ 영감 🙂
- ○ 무재미 ⊙

서핑, 기타, 바리스타 자격증,
트라이애슬론 등을 해내는
나를 상상해요.

내몸사용설명서

186

에스컬레이터
대신 계단
이용하기

○ 기쁨

○ 평온

○ 희망

○ 자부심

○ 즐거움

○ 영감

○ 무재미

너와나의연결고리

187

피스 많은
퍼즐 맞추기

여럿이 하면 뿌듯함도 배!

- ○ 기쁨 😃
- ○ 평온 🙂
- ○ 희망 😁
- ○ 자부심 😐
- ○ 즐거움 😄
- ○ 영감 🙃
- ○ 무재미 😶

자기계발추천

188

영어 기사
한 편 읽기

○ 기쁨   😀
○ 평온   🙂
○ 희망   😬
○ 자부심   😊
○ 즐거움   😆
○ 영감   🙂
○ 무재미   😮

〈코리아헤럴드〉, 〈뉴욕타임스〉 등을
찾아볼까요?

보상 통장 만들어 저축 시작하기

○ 기쁨 😃
○ 평온 🙂
○ 희망 😄
○ 자부심 😶
○ 즐거움 😁
○ 영감 🙂
○ 무재미 😲

열심히 절약한 당신, 즐겨라?!
그날을 위해!

아껴야잘살지
190

연도별
재무 목표
세우기

○ 기쁨	😃
○ 평온	🙂
○ 희망	😁
○ 자부심	🙂
○ 즐거움	😄
○ 영감	🙁
○ 무재미	😶

영어로
오늘 일기
쓰기

○ 기쁨 😃

○ 평온 🙂

○ 희망 😄

○ 자부심 😌

○ 즐거움 😁

○ 영감 😶

○ 무재미 😐

자기계발추천

192

영화 한 편
보고
감상 남기기

○ 기쁨	☺
○ 평온	☺
○ 희망	☺
○ 자부심	☺
○ 즐거움	☺
○ 영감	☺
○ 무재미	☺

옆 자리 동료의 컵을 씻어주기

○ 기쁨   ☺
○ 평온   ☺
○ 희망   ☺
○ 자부심 ☺
○ 즐거움 ☺
○ 영감   ☺
○ 무재미 ☺

프린트물 갖다주기,
쓰레기 버려주기 등 내 것 하는 김에
동료 것도 함께 해요.

너와 나의 연결고리

194

예쁜 사진
찍어서 뜬금없이
공유하기

- ○ 기쁨
- ○ 평온
- ○ 희망
- ○ 자부심
- ○ 즐거움
- ○ 영감
- ○ 무재미

195

오늘
감사한 일
세 가지 적기

○ 기쁨

○ 평온

○ 희망

○ 자부심

○ 즐거움

○ 영감

○ 무재미

지구를지키자

196

오늘 빨래
내일로
몰아서 하기

○ 기쁨　　😊
○ 평온　　🙂
○ 희망　　🙃
○ 자부심　😌
○ 즐거움　😄
○ 영감　　🙂
○ 무재미　😑

세탁기를 한 번 돌릴 때마다
100리터 이상의 물을 쓴대요.

아껴야잘살지

197

오늘
소비 영수증
모으기

- ○ 기쁨 ☺
- ○ 평온 ☺
- ○ 희망 ☺
- ○ 자부심 ☺
- ○ 즐거움 ☺
- ○ 영감 ☺
- ○ 무재미 ☺

보고, 기록하고,
반성하며 관리할 수 있어요!
모바일 영수증을 사용한다면
환경 보호까지 덤!

마음의소리

198

오늘 있었던
모든 일을
시간대별로
기록하기

○ 기쁨   😄

○ 평온   🙂

○ 희망   😁

○ 자부심   🙂

○ 즐거움   😆

○ 영감   🙂

○ 무재미   😐

199

BMW만
이용하기

○ 기쁨 😃
○ 평온 🙂
○ 희망 😀
○ 자부심 😌
○ 즐거움 😄
○ 영감 🙂
○ 무재미 😐

BMW란
Bus, Metro, Walk랍니다.

마음의소리

200

SNS 안 하고
참기

- ○ 기쁨
- ○ 평온
- ○ 희망
- ○ 자부심
- ○ 즐거움
- ○ 영감
- ○ 무재미

지구를지키자

201

고기 한 점
덜 먹기

○ 기쁨	😊
○ 평온	🙂
○ 희망	😁
○ 자부심	😐
○ 즐거움	😄
○ 영감	🙂
○ 무재미	📷

육식 소비를 줄이며
지구를 지키고,
너무 배부르지 않게 조금 덜 먹으며
건강을 지켜요.

지구를지키자

202

내 손을 스치는
쓰레기는 **분리수거**
철저하게 하기

○ **기쁨** 😊

○ **평온** 🙂

○ **희망** 😁

○ **자부심** 😌

○ **즐거움** 😆

○ **영감** 🙂

○ **무재미** 😐

라벨지를 떼고, 재활용 종이인지
그냥 쓰레기인지 구별해봐요.

만 보 이상 걷기

○ 기쁨 ☺

○ 평온 ☺

○ 희망 ☺

○ 자부심 ☺

○ 즐거움 ☺

○ 영감 ☺

○ 무재미 ☺

내 몸 사용 설명서

204

밀가루
끊기

○ 기쁨	😊
○ 평온	🙂
○ 희망	😋
○ 자부심	😐
○ 즐거움	😄
○ 영감	🙂
○ 무재미	📷

자신에게 글루텐 알러지가 있는
경우인데도 모르는 사람이 많대요.

나만의 행복버튼

205

오늘은
어떤 결심도
하지 않기

- ○ 기쁨 😀
- ○ 평온 😌
- ○ 희망 😄
- ○ 자부심 😊
- ○ 즐거움 😆
- ○ 영감 😶
- ○ 무재미 😐

쉬는 날!

아껴야잘살지

206

세세하게
가계부 쓰기

○ 기쁨 ☺

○ 평온 ☺

○ 희망 ☺

○ 자부심 ☺

○ 즐거움 ☺

○ 영감 ☺

○ 무재미 ☺

1원도 놓치지 마세요!

스크린 타임 삼분의 일로 줄이기

○ 기쁨

○ 평온

○ 희망

○ 자부심

○ 즐거움

○ 영감

○ 무재미

마음의소리

208

유튜브
보지 않기

○ 기쁨	☺
○ 평온	☺
○ 희망	☺
○ 자부심	☺
○ 즐거움	☺
○ 영감	☺
○ 무재미	☺

자기계발추천

209

오늘 하루를
그림으로
표현하기

○ 기쁨   ☺

○ 평온   ☺

○ 희망   ☺

○ 자부심 ☺

○ 즐거움 ☺

○ 영감   ☺

○ 무재미 ☺

잘 그리지 못해도 괜찮아요.
작지만 확실한 성취감을 누려보세요.

지구를지키자

210

한 끼는
채소류만
먹기

○ 기쁨	☺
○ 평온	☺
○ 희망	☺
○ 자부심	☺
○ 즐거움	☺
○ 영감	☺
○ 무재미	☺

211

오늘부터
발레리나,
다리를
찢어보기

- ○ 기쁨 ☺
- ○ 평온 ☺
- ○ 희망 ☺
- ○ 자부심 ☺
- ○ 즐거움 ☺
- ○ 영감 ☺
- ○ 무재미 ☺

지구를지키자

212

오늘은
러닝머신 대신
야외에서 뛰기

- ○ 기쁨
- ○ 평온
- ○ 희망
- ○ 자부심
- ○ 즐거움
- ○ 영감
- ○ 무재미

러닝머신을 쓰려면 전기가 필요하고,
전기를 만들려면….

213

사 먹는 커피
대신 직접 타서
마시기

○ 기쁨 😄

○ 평온 🙂

○ 희망 😆

○ 자부심 😶

○ 즐거움 😄

○ 영감 🙃

○ 무재미 ⊙

드립백, 티백, 믹스 커피 등을
챙겨볼까요?

나만의 행복버튼

214

오늘은
어떤 결심도
하지 않기

○ 기쁨 😆

○ 평온 🙂

○ 희망 😅

○ 자부심 🙂

○ 즐거움 😁

○ 영감 🙂

○ 무재미 ◎

쉬는 날!

○ success

아껴야잘살지

215

외식 대신
집에서
차려 먹기

○ 기쁨   ☺
○ 평온   ☺
○ 희망   ☺
○ 자부심   ☺
○ 즐거움   ☺
○ 영감   ☺
○ 무재미   ☺

216

평소보다
빨리 걷기

○ 기쁨   😄

○ 평온   🙂

○ 희망   😀

○ 자부심   🙂

○ 즐거움   😆

○ 영감   🙂

○ 무재미   😐

217

평소보다 수건
한 장 덜 쓰기

- ○ 기쁨
- ○ 평온
- ○ 희망
- ○ 자부심
- ○ 즐거움
- ○ 영감
- ○ 무재미

오늘의
나에게 상 주기

- ○ 기쁨 😄
- ○ 평온 🙂
- ○ 희망 😁
- ○ 자부심 😊
- ○ 즐거움 😆
- ○ 영감 🙂
- ○ 무재미 😶

백만 불짜리 미소상!
오늘 당신은 맑고 깨끗한 미소로
주변을 밝게 만들었기에
이 상을 수여합니다.

자기계발추천

219

오랜만에
손으로 또박또박
글 써보기

○ 기쁨

○ 평온

○ 희망

○ 자부심

○ 즐거움

○ 영감

○ 무재미

220

오른손잡이는 왼손, 왼손잡이는 오른손 쓰기

- ○ 기쁨 😀
- ○ 평온 🙂
- ○ 희망 😙
- ○ 자부심 🙂
- ○ 즐거움 😆
- ○ 영감 🙂
- ○ 무재미 😮

양치하기, 숟가락질하기 등
쉬운 것부터 해봐요.

오일버너
하나 마련하기

○ **기쁨**

○ **평온**

○ **희망**

○ **자부심**

○ **즐거움**

○ **영감**

○ **무재미**

아침에 일어나서나
저녁에 자기 전에 오일버너를
틀어놓으면 마음이 안정된대요.

자기계발추천

222

온라인 강연
하나 찾아서
듣기

○ 기쁨 😄
○ 평온 🙂
○ 희망 😗
○ 자부심 🙂
○ 즐거움 😆
○ 영감 🙂
○ 무재미 😐

Ted, 세바시 등 유튜브에도 많아요.

아껴야잘살지

223

온라인 사이트에 상품 후기 올리고 포인트 적립하기

○ 기쁨   😃
○ 평온   🙂
○ 희망   😄
○ 자부심   😊
○ 즐거움   😆
○ 영감   🙂
○ 무재미   😶

자기계발추천

224

온라인 심리성격 검사 결과 중 나와 가장 다르다고 생각하는 부분 그대로 행동하기

○ 기쁨 😀

○ 평온 🙂

○ 희망 😄

○ 자부심 🙂

○ 즐거움 😆

○ 영감 🙂

○ 무재미 ◎

225

오늘은
어떤 결심도
하지 않기

○ 기쁨
○ 평온
○ 희망
○ 자부심
○ 즐거움
○ 영감
○ 무재미

쉬는 날!

너와 나의 연결고리

226

옆에 있는 사람과
옷, 아이템
바꿔서 해보기

○ 기쁨	😊
○ 평온	🙂
○ 희망	😃
○ 자부심	😐
○ 즐거움	😆
○ 영감	😌
○ 무재미	😵

🔗

요가 해서
몸 풀고 잠들기

- ○ 기쁨
- ○ 평온
- ○ 희망
- ○ 자부심
- ○ 즐거움
- ○ 영감
- ○ 무재미

다운독, 개가 기지개 켜는 자세를
해보세요. 등이나 허리는 구부정하지
않게, 무게 중심은 뒤꿈치 쪽으로,
발과 발 사이는 주먹 두 개 들어갈
정도, 뒤꿈치가 땅에 닿도록.
힘들다면 무릎을 살짝 굽혀도 좋아요.

너와 나의 연결고리

228

우리 동네
맛집 리스트
만들기

- ○ 기쁨   😄
- ○ 평온   🙂
- ○ 희망   😄
- ○ 자부심   🙂
- ○ 즐거움   😆
- ○ 영감   🙂
- ○ 무재미   😐

가장 맛있는 떡볶이집은
어디인가요?

아껴야잘살지

229

수도를 사용한 후,
수도꼭지 방향을
냉수로 돌려놓기

○ 기쁨 ☺
○ 평온 ☺
○ 희망 ☺
○ 자부심 ☺
○ 즐거움 ☺
○ 영감 ☺
○ 무재미 ☺

가스비 절약!

아껴야잘살지

230

욕구
하나 참기

- ○ 기쁨 😄
- ○ 평온 ☺
- ○ 희망 😆
- ○ 자부심 😊
- ○ 즐거움 😁
- ○ 영감 😐
- ○ 무재미 😑

식욕, 소비욕 등 하고 나면
후회할 충동을 참아볼까요?

우리도
아이돌 해보자

○ 기쁨 ☺
○ 평온 ☺
○ 희망 ☺
○ 자부심 ☺
○ 즐거움 ☺
○ 영감 ☺
○ 무재미 ☺

그룹 컨셉 정하고, 안무 연습,
운동 관리, 팀내 역할을 정해요.
리더, 막내, 센터를 진지하게
정해봐요.

지구를 지키자

232

우유 대신 두유나 아몬드 음료 마시기

- ○ 기쁨
- ○ 평온
- ○ 희망
- ○ 자부심
- ○ 즐거움
- ○ 영감
- ○ 무재미

233

운동하고
빵으로
당 보충하기

○ 기쁨　😀

○ 평온　🙂

○ 희망　😁

○ 자부심　🙂

○ 즐거움　😆

○ 영감　😐

○ 무재미　😶

먹으려고 운동하는 거 맞죠?

내몸사용설명서

234

운동화 끈
질끈 묶고
지칠 때까지
달리기

- ○ 기쁨 😃
- ○ 평온 🙂
- ○ 희망 😁
- ○ 자부심 😌
- ○ 즐거움 😆
- ○ 영감 😶
- ○ 무재미 😐

미친 듯이 달린 뒤
바람을 느껴요.

자기계발추천

235

원데이
클래스
등록하기

○ 기쁨

○ 평온

○ 희망

○ 자부심

○ 즐거움

○ 영감

○ 무재미

나만의행복버튼

236

유튜브로
동물 영상
찾아보기

○ 기쁨	😄
○ 평온	🙂
○ 희망	😏
○ 자부심	😌
○ 즐거움	😊
○ 영감	🙂
○ 무재미	😶

냥멍은 당연, 세계 각지에
귀엽고 멋진 동물이 많아요!

이메일로
편지 보내기

○ 기쁨   😊
○ 평온   🙂
○ 희망   😀
○ 자부심   😌
○ 즐거움   😆
○ 영감   🙂
○ 무재미   😵

지구를지키자

238

이면지
사용하기

○ 기쁨   ☺

○ 평온   ☺

○ 희망   ☺

○ 자부심   ☺

○ 즐거움   ☺

○ 영감   ☺

○ 무재미   ◉

239

카드 내역 중에서
가장 큰 지출을
적어서 보이는 곳에
붙여두기

- ○ 기쁨 ☺
- ○ 평온 ☺
- ○ 희망 ☺
- ○ 자부심 ☺
- ○ 즐거움 ☺
- ○ 영감 ☺
- ○ 무재미 ◎

내몸사용설명서

240

익숙하지 않은,
새로운 길로
집에 가기

○ 기쁨	😃
○ 평온	🙂
○ 희망	😄
○ 자부심	😌
○ 즐거움	😆
○ 영감	🙂
○ 무재미	😶

나만의 행복버튼

241

오늘은
어떤 결심도
하지 않기

○ 기쁨 😄

○ 평온 🙂

○ 희망 😁

○ 자부심 😌

○ 즐거움 😆

○ 영감 🙂

○ 무재미 😶

쉬는 날!

지구를지키자

242

인쇄하기 전
인쇄 미리 보기
꼭 확인하기

○ 기쁨 😃

○ 평온 😊

○ 희망 😁

○ 자부심 😌

○ 즐거움 😆

○ 영감 😐

○ 무재미 ◎

종이를 아낄 수 있겠죠?

243

자신은
잘 모르는 말버릇
찾아주기

- ○ 기쁨 ☺
- ○ 평온 ☺
- ○ 희망 ☺
- ○ 자부심 ☺
- ○ 즐거움 ☺
- ○ 영감 ☺
- ○ 무재미 ☺

나만의행복버튼

244

자연 느낌의
카페 찾아가서
달달한 음료 마시기

- ○ 기쁨 😄
- ○ 평온 🙂
- ○ 희망 😬
- ○ 자부심 🙂
- ○ 즐거움 😆
- ○ 영감 🙂
- ○ 무재미 😐

음료로는 아인슈페너,
핫초코 추천합니다.

자화상
그려보기

○ 기쁨   😄
○ 평온   🙂
○ 희망   😃
○ 자부심   😌
○ 즐거움   😆
○ 영감   🙂
○ 무재미   😮

자기계발추천

246

작은 영화관 가서 영화보기

○ 기쁨 ☺

○ 평온 ☺

○ 희망 ☺

○ 자부심 ☺

○ 즐거움 ☺

○ 영감 ☺

○ 무재미 ☺

광화문 씨네큐브, 서대문구 필름포럼,
대구 오오극장 등이 있어요.

247

잔돈
모으기

- ○ 기쁨 😃
- ○ 평온 🙂
- ○ 희망 😁
- ○ 자부심 🙂
- ○ 즐거움 😆
- ○ 영감 🙂
- ○ 무재미 😶

돼지저금통 혹은 저금통 앱을
사용해도 좋아요!

나만의 행복버튼

248

잔잔한 파도, 바다
그리고 수족관 물고기 등의
영상을 보며
물멍 때리기

○ 기쁨

○ 평온

○ 희망

○ 자부심

○ 즐거움

○ 영감

○ 무재미

249

잘 보지 않았던
장르의
영화나 드라마
찾아보기

○ 기쁨   😃

○ 평온   🙂

○ 희망   😄

○ 자부심   🙂

○ 즐거움   😆

○ 영감   🙂

○ 무재미   😶

지구를지키자

250

장바구니 들고
장 보러 가기

○ 기쁨

○ 평온

○ 희망

○ 자부심

○ 즐거움

○ 영감

○ 무재미

아껴야잘살지

251

재래시장 가서
꼭 필요한 만큼
적은 양만 장 보기

- ○ 기쁨 ☺
- ○ 평온 ☺
- ○ 희망 ☻
- ○ 자부심 ☻
- ○ 즐거움 ☻
- ○ 영감 ☺
- ○ 무재미 ◎

자기계발추천
252

재즈 음악
아무거나 틀어 놓고
떠오르는 느낌
집중하기

○ 기쁨   😀

○ 평온   🙂

○ 희망   😄

○ 자부심   🙂

○ 즐거움   😆

○ 영감   🙂

○ 무재미   😶

느낌을 써보세요.

253

음악 틀어놓고 최대한 여유로운 시간 보내기

○ 기쁨　😀
○ 평온　🙂
○ 희망　😁
○ 자부심　😌
○ 즐거움　😆
○ 영감　🙂
○ 무재미　😵

여유로움을 느끼게 해주는
당신만의 음악이 있나요?

아껴야잘살지

254

재테크 스터디,
카페 알아보기
적절한 곳이 있다면
가입하기

○ 기쁨 😀

○ 평온 😊

○ 희망 😬

○ 자부심 😶

○ 즐거움 😃

○ 영감 😐

○ 무재미 ⊙

함께 재테크를 하면 더 힘이 나요.

전통놀이
하기

○ 기쁨   😃

○ 평온   🙂

○ 희망   😆

○ 자부심   😋

○ 즐거움   😝

○ 영감   😶

○ 무재미   😑

술래잡기?! 공기놀이?!
고무줄놀이?! 땅따먹기?!

내 몸 사용 설명서

256

제철 음식
찾아서 먹기

○ 기쁨   ☺

○ 평온   ☺

○ 희망   ☺

○ 자부심   ☺

○ 즐거움   ☺

○ 영감   ☺

○ 무재미   ☺

제로웨이스트 카페나 시장 방문하기

○ **기쁨** ☺
○ **평온** ☺
○ **희망** ☺
○ **자부심** ☺
○ **즐거움** ☺
○ **영감** ☺
○ **무재미** ◉

알맹상점, 지구샵, 슬로우 포레스트,
얼스어스 등을 찾아보세요.

지구를지키자

258

절전형
멀티탭
사용하기

○ 기쁨

○ 평온

○ 희망

○ 자부심

○ 즐거움

○ 영감

○ 무재미

족욕하기

○ 기쁨 😊
○ 평온 😌
○ 희망 😆
○ 자부심 😐
○ 즐거움 😀
○ 영감 😶
○ 무재미 💿

손발이 찬 사람에게 좋아요.

자기계발추천

260

좋아하는
시 한 편
외우기

- ○ 기쁨   ☺
- ○ 평온   ☺
- ○ 희망   ☺
- ○ 자부심   ☺
- ○ 즐거움   ☺
- ○ 영감   ☺
- ○ 무재미   ☺

261

좋아하는 인형
쓰다듬기
없다면 하나
마련하기

○ 기쁨 😃

○ 평온 🙂

○ 희망 😄

○ 자부심 😊

○ 즐거움 😁

○ 영감 🙂

○ 무재미 ◎

스누피, 펭수 인형이 인기가 많아요.

나만의 행복버튼

262

'좋아한다'는 말을
다른 말로 바꾸어
써보기

○ 기쁨 ☺
○ 평온 ☺
○ 희망 ☺
○ 자부심 ☺
○ 즐거움 ☺
○ 영감 ☺
○ 무재미 ☺

좋은데 왜 좋은지,
어떤 부분이 어떻게 좋은지 등을
찾으며 행복을 오래 누려요!

너와 나의 연결고리

263

애정 어린
<u>별명</u> 하나
지어주기

○ 기쁨   😀

○ 평온   🙂

○ 희망   😄

○ 자부심   🙂

○ 즐거움   😄

○ 영감   🙂

○ 무재미   😶

마음의소리

264

팟캐스트
추천 받아 듣기

○ **기쁨** ☺

○ **평온** ☺

○ **희망** ☺

○ **자부심** ☺

○ **즐거움** ☺

○ **영감** ☺

○ **무재미** ☺

혼자 듣는 것이지만

왜지 혼자가 아닌 기분이 들 거예요.

265

주변
채식 식당
찾아가보기

- ○ 기쁨 ☺
- ○ 평온 ☺
- ○ 희망 ☺
- ○ 자부심 ☺
- ○ 즐거움 ☺
- ○ 영감 ☺
- ○ 무재미 ◎

266

주변 한 바퀴 산책하기

○ 기쁨	😃
○ 평온	🙂
○ 희망	😄
○ 자부심	😊
○ 즐거움	😆
○ 영감	🙂
○ 무재미	😶

익숙하면 편안해서,
새로운 것을 발견하면
새로워서 좋을 거예요.

자기계발추천

267

주변에 있는
책 아무거나
다섯 페이지 읽기

- ○ 기쁨 ☺
- ○ 평온 ☺
- ○ 희망 ☺
- ○ 자부심 ☺
- ○ 즐거움 ☺
- ○ 영감 ☺
- ○ 무재미 ☺

268

주변에 있는 책
아무데나 펼쳐서
문장 필사하기

- ○ 기쁨 ☺
- ○ 평온 ☺
- ○ 희망 ☺
- ○ 자부심 ☺
- ○ 즐거움 ☺
- ○ 영감 ☺
- ○ 무재미 ☺

아껴야잘살지

269

주수입 말고!
부수입으로
만 원 벌어보기

○ **기쁨** ☺

○ **평온** ☺

○ **희망** ☺

○ **자부심** ☺

○ **즐거움** ☺

○ **영감** ☺

○ **무재미** ☺

앱테크, 기프트콘 중고거래,
쿠폰 이벤트 응모와 당첨 등
부수입 얻는 방법을 찾아볼까요?

아껴야잘살지

270

중고 사이트에
안 쓰는 물건
하나 올리기

○ 기쁨

○ 평온

○ 희망

○ 자부심

○ 즐거움

○ 영감

○ 무재미

오늘은
어떤 결심도
하지 않기

○ 기쁨 ☺

○ 평온 ☺

○ 희망 ☺

○ 자부심 ☺

○ 즐거움 ☺

○ 영감 ☺

○ 무재미 ☺

쉬는 날!

지구를지키자
272

지구를지키자
활동 후 SNS에
자랑하기

○ 기쁨	😊
○ 평온	🙂
○ 희망	😁
○ 자부심	😐
○ 즐거움	😆
○ 영감	🙃
○ 무재미	📷

273

지금 내 머리
쓰다듬기

- ○ 기쁨　　　　　　　　　　　😄
- ○ 평온　　　　　　　　　　　🙂
- ○ 희망　　　　　　　　　　　😀
- ○ 자부심　　　　　　　　　　🙂
- ○ 즐거움　　　　　　　　　　😆
- ○ 영감　　　　　　　　　　　🙂
- ○ 무재미　　　　　　　　　　😶

자기계발추천

274

지금 내 옆 사람을
5분 동안 **인터뷰**해서
글로 쓰기

○ 기쁨

○ 평온

○ 희망

○ 자부심

○ 즐거움

○ 영감

○ 무재미

275

지금 내 주변을
정리 정돈하기

- ○ 기쁨
- ○ 평온
- ○ 희망
- ○ 자부심
- ○ 즐거움
- ○ 영감
- ○ 무재미

마음의소리
276

무조건 내 칭찬
하나 하기

○ 기쁨   ☺

○ 평온   ☺

○ 희망   ☺

○ 자부심   ☺

○ 즐거움   ☺

○ 영감   ☺

○ 무재미   ☺

따뜻한 물
한 잔 마시기

○ 기쁨

○ 평온

○ 희망

○ 자부심

○ 즐거움

○ 영감

○ 무재미

너와나의연결고리

278

부모님께
연락하기

○ 기쁨 😆

○ 평온 🙂

○ 희망 😁

○ 자부심 🙂

○ 즐거움 😄

○ 영감 🙂

○ 무재미 🧊

영양제 하나
챙겨먹기

○ 기쁨

○ 평온

○ 희망

○ 자부심

○ 즐거움

○ 영감

○ 무재미

280

지금 떠오르는 생각을
미국 사람처럼 혀 굴리며
영어로 말하기

- ○ 기쁨 😀
- ○ 평온 🙂
- ○ 희망 😆
- ○ 자부심 😌
- ○ 즐거움 😃
- ○ 영감 🙂
- ○ 무재미 🎥

281

지금 생각나는
노래 가사
써보기

○ 기쁨 😃

○ 평온 🙂

○ 희망 😆

○ 자부심 🙂

○ 즐거움 😄

○ 영감 🙂

○ 무재미 ◎

지금 있는 공간
환기하기

○ 기쁨 ☺
○ 평온 ☺
○ 희망 ☺
○ 자부심 ☺
○ 즐거움 ☺
○ 영감 ☺
○ 무재미 ☺

미세먼지가 있는지 확인한 후에요!

283

지금 있는
지역의 숲을
찾아 사진 찍기

- ○ 기쁨 ☺
- ○ 평온 ☺
- ○ 희망 ☺
- ○ 자부심 ☺
- ○ 즐거움 ☺
- ○ 영감 ☺
- ○ 무재미 ☺

마음의소리

284

지금 제일 끌리는
음식을 먹고
엉덩이춤 추기

○ 기쁨   ☺
○ 평온   ☺
○ 희망   ☺
○ 자부심   ☺
○ 즐거움   ☺
○ 영감   ☺
○ 무재미   ☺

너와나의연결고리

285

지금껏 해본
딴짓 중에
가장 생산적인
딴짓 권하기

- ○ 기쁨 ☺
- ○ 평온 ☺
- ○ 희망 ☺
- ○ 자부심 ☺
- ○ 즐거움 ☺
- ○ 영감 ☺
- ○ 무재미 ☺

마음의소리

286

지금부터
5분 이상
멍 때리기

○ 기쁨 ☺

○ 평온 ☺

○ 희망 ☺

○ 자부심 ☺

○ 즐거움 ☺

○ 영감 ☺

○ 무재미 ☺

모닥불 영상을 틀어놓거나 좋아하는
음식을 먹으면서 멍을 때려보아요.

집 근처
아이스팩 수거함
찾아보기

○ 기쁨 ☺

○ 평온 ☺

○ 희망 ☺

○ 자부심 ☺

○ 즐거움 ☺

○ 영감 ☺

○ 무재미 ☺

찾아보는 김에 집에 있는 아이스팩
모아 버려요.

내 몸 사용 설명서

288

집에서 가장
가까운 공원
찾아 산책하기

○ 기쁨	😃
○ 평온	🙂
○ 희망	😄
○ 자부심	🙂
○ 즐거움	😆
○ 영감	🙂
○ 무재미	😐

289

집에 있는
연필 다 모아서
사각사각
칼로 깎기

○ 기쁨 ☺

○ 평온 ☺

○ 희망 ☺

○ 자부심 ☺

○ 즐거움 ☺

○ 영감 ☺

○ 무재미 ☺

직접 만들어 듣는 ASMR이에요.

나만의 행복버튼

290

집에 가는 길에
주인공이 되어
스텝 밟기

○ 기쁨

○ 평온

○ 희망

○ 자부심

○ 즐거움

○ 영감

○ 무재미

마치 무대 위 주인공이 된 것 같은
기분을 느껴보세요.

291

집에서 잘 노는 법 세 가지 찾아보기

- ○ 기쁨
- ○ 평온
- ○ 희망
- ○ 자부심
- ○ 즐거움
- ○ 영감
- ○ 무재미

1.

2.

3.

지구를지키자

292

집으로
돌아오는 길에
쓰레기 세 번 줍기

○ 기쁨 ☺

○ 평온 ☺

○ 희망 ☺

○ 자부심 ☺

○ 즐거움 ☺

○ 영감 ☺

○ 무재미 ◉

아껴야잘살지

293

success

짠테크, 재테크 응원하는 유튜버 찾아서 영상 보고 동기 부여 받기

○ 기쁨

○ 평온

○ 희망

○ 자부심

○ 즐거움

○ 영감

○ 무재미

마음의소리

294

창 밖 풍경
자세히
살펴보기

○ 기쁨 ☺

○ 평온 ☺

○ 희망 ☺

○ 자부심 ☺

○ 즐거움 ☺

○ 영감 ☺

○ 무재미 ☺

아껴야잘살지

295

창문에
단열 시트
붙이기

- ○ 기쁨 😊
- ○ 평온 🙂
- ○ 희망 😐
- ○ 자부심 😌
- ○ 즐거움 😆
- ○ 영감 🙂
- ○ 무재미 😶

여름에는 시원하게,
겨울에는 따뜻하게 해주는
역할을 해요!

내몸사용설명서

296

채소
한 종류 이상
먹기

○ 기쁨	☺
○ 평온	☺
○ 희망	☺
○ 자부심	☺
○ 즐거움	☺
○ 영감	☺
○ 무재미	☺

채식 요리법
검색하기

○ 기쁨

○ 평온

○ 희망

○ 자부심

○ 즐거움

○ 영감

○ 무재미

나만의 행복버튼

298

책 속에 묘사된
상황을 구체적으로
상상하기

○ 기쁨

○ 평온

○ 희망

○ 자부심

○ 즐거움

○ 영감

○ 무재미

책 읽는 즐거움도 높이고
내용도 오래오래 기억할 수 있어요.

오늘은
어떤 결심도
하지 않기

○ 기쁨
○ 평온
○ 희망
○ 자부심
○ 즐거움
○ 영감
○ 무재미

쉬는 날!

나만의행복버튼

300

책상, 서랍장 위
먼지 닦고
방 청소하기

- ○ **기쁨** 😊
- ○ **평온** 😌
- ○ **희망** 😏
- ○ **자부심** 😐
- ○ **즐거움** 😄
- ○ **영감** 😶
- ○ **무재미** 😵

처음에는 하기 싫다가도
막상 시작하면 열심히,
기분까지 상쾌해져요.

마음의 소리

301

처음 해보는
요리하기

○ 기쁨	😊
○ 평온	🙂
○ 희망	😄
○ 자부심	🙂
○ 즐거움	😃
○ 영감	🙂
○ 무재미	📷

아껴야잘살지

302

천 원
덜 쓰기

○ 기쁨   😃

○ 평온   🙂

○ 희망   😄

○ 자부심   😌

○ 즐거움   😆

○ 영감   🙃

○ 무재미   😶

보고 싶다고
연락하기

○ 기쁨

○ 평온

○ 희망

○ 자부심

○ 즐거움

○ 영감

○ 무재미

아껴야잘살지

304

청구서는 이메일로, 영수증은 전자 영수증으로 받기

○ 기쁨	😃
○ 평온	🙂
○ 희망	😁
○ 자부심	🙂
○ 즐거움	😆
○ 영감	🙂
○ 무재미	🎯

너와나의연결고리

305

최근 구독한
유튜브 채널
소개하기

○ 기쁨　　　　　　　　　　　　　　😀

○ 평온　　　　　　　　　　　　　　🙂

○ 희망　　　　　　　　　　　　　　😌

○ 자부심　　　　　　　　　　　　　🙂

○ 즐거움　　　　　　　　　　　　　😆

○ 영감　　　　　　　　　　　　　　🙂

○ 무재미　　　　　　　　　　　　　😐

마음의소리

306

취향에 맞는
최고의 커피나
차 마시기

- ○ 기쁨
- ○ 평온
- ○ 희망
- ○ 자부심
- ○ 즐거움
- ○ 영감
- ○ 무재미

없다면 이번 기회에
새로운 커피나 차를 시도해보세요.

307

영상 통화
걸어보기

○ 기쁨 ☺

○ 평온 ☺

○ 희망 ☺

○ 자부심 ☺

○ 즐거움 ☺

○ 영감 ☺

○ 무재미 ◎

지구를지키자

308

천연 비누
만들거나 사서
사용하기

○ 기쁨 ☺

동구발 제품을 추천합니다.

○ 평온 ☺

○ 희망 ☺

○ 자부심 ☺

○ 즐거움 ☺

○ 영감 ☺

○ 무재미 ☺

309

지루한
이야기를 해도
끝까지 성의 있게
들어주기

○ 기쁨

○ 평온

○ 희망

○ 자부심

○ 즐거움

○ 영감

○ 무재미

내몸사용설명서

310

침실
이불 먼지
제거하기

○ 기쁨
○ 평온
○ 희망
○ 자부심
○ 즐거움
○ 영감
○ 무재미

테이프나 돌돌이, 청소기로
이불에 있을 먼지를 제거해요.

찐맛집
콘테스트
열기

○ 기쁨

○ 평온

○ 희망

○ 자부심

○ 즐거움

○ 영감

○ 무재미

너와나의연결고리

312

친구들과
함께할 수 있는
사회공헌 캠페인
만들어보기

○ 기쁨

○ 평온

○ 희망

○ 자부심

○ 즐거움

○ 영감

○ 무재미

아껴야잘살지

313

더치페이
철저하게
하기

○ 기쁨　　　　　　　　　　　⌣

○ 평온　　　　　　　　　　　⌣

○ 희망　　　　　　　　　　　⌣

○ 자부심　　　　　　　　　　⌣

○ 즐거움　　　　　　　　　　⌣

○ 영감　　　　　　　　　　　⌣

○ 무재미　　　　　　　　　　◎

너와나의연결고리

314

자신 있는
간식 아이템
베스트5 추천하기

○ 기쁨	😃
○ 평온	🙂
○ 희망	😀
○ 자부심	😐
○ 즐거움	😆
○ 영감	😌
○ 무재미	🙄

너와 나의 연결고리

315

친구에게
책 한 권
선물하기

- ○ 기쁨　　　　　　　　　　　　　　⌣
- ○ 평온　　　　　　　　　　　　　　⌣
- ○ 희망　　　　　　　　　　　　　　⌣
- ○ 자부심　　　　　　　　　　　　　⌣
- ○ 즐거움　　　　　　　　　　　　　⌣
- ○ 영감　　　　　　　　　　　　　　⌣
- ○ 무재미　　　　　　　　　　　　　◎

너와 나의 연결고리

316

친구의
사진 기사가 되어
프로필용 사진
찍어주기

○ 기쁨

○ 평온

○ 희망

○ 자부심

○ 즐거움

○ 영감

○ 무재미

친하지 않은 분야의 책 한 권 읽기

○ 기쁨 😀

○ 평온 🙂

○ 희망 😅

○ 자부심 🙂

○ 즐거움 😆

○ 영감 🙂

○ 무재미 😵

과학, 철학, 에세이, 소설, 시, 미술,
역사 등 여러 분야 중
어느 분야가 제일 낯선가요?

너와 나의 연결고리

318

드레스 코드
정해서
모임갖기

○ 기쁨   😀

○ 평온   🙂

○ 희망   😃

○ 자부심   😌

○ 즐거움   😆

○ 영감   🙂

○ 무재미   😶

마음의소리

319

메신저
프로필, 배경
사진 바꾸기

○ 기쁨

○ 평온

○ 희망

○ 자부심

○ 즐거움

○ 영감

○ 무재미

아껴야잘살지

320

각종
이벤트 찾아서
참여하기

- ○ 기쁨 😃
- ○ 평온 🙂
- ○ 희망 😬
- ○ 자부심 🙂
- ○ 즐거움 😄
- ○ 영감 🙃
- ○ 무재미 😐

커피 쿠폰, 도서 증정,
포인트 적립 등 여러 이벤트에
참여해보세요.

컨셉 정하고
옷 입기

○ 기쁨 😀   오늘 시상식을 간다면?

○ 평온 🙂   제일 좋아하는 옷만 모아서

○ 희망 😄   믹스매치하는 날?

○ 자부심 😊

○ 즐거움 😁

○ 영감 😐

○ 무재미 😶

마음의소리

322

컬러링북이나
빈 노트에 알록달록
색칠해보기

○ 기쁨   😃

○ 평온   🙂

○ 희망   😀

○ 자부심   🙂

○ 즐거움   😆

○ 영감   🙂

○ 무재미   😵

323

컴퓨터
사용하지 않을 땐
끄기

○ 기쁨   ☺

○ 평온   ☺

○ 희망   ☺

○ 자부심   ☺

○ 즐거움   ☺

○ 영감   ☺

○ 무재미   ◎

너와 나의 연결고리

324

키워드 하나 정해서
관련 책 각자 읽고
소개해주기

○ 기쁨

○ 평온

○ 희망

○ 자부심

○ 즐거움

○ 영감

○ 무재미

내 몸 사용설명서

325

크게 심호흡
세 번하기

○ 기쁨

○ 평온

○ 희망

○ 자부심

○ 즐거움

○ 영감

○ 무재미

마음의소리

326

클라우드나
핸드폰에
저장해놓은
사진 정리하기

- ○ 기쁨
- ○ 평온
- ○ 희망
- ○ 자부심
- ○ 즐거움
- ○ 영감
- ○ 무재미

327

키우고 싶은
능력 하나 적고
구체적인 향상
계획 세우기

○ 기쁨 😄
○ 평온 🙂
○ 희망 😌
○ 자부심 😐
○ 즐거움 😆
○ 영감 🙂
○ 무재미 😶

328

쿠키와 케이크 등 단 디저트, 오늘만은 살포시 내려놓기

○ 기쁨	😃
○ 평온	🙂
○ 희망	😁
○ 자부심	😄
○ 즐거움	😆
○ 영감	😐
○ 무재미	😶

택배 당일배송
받지 않아도 된다고
체크하기

○ 기쁨 ☺

○ 평온 ☺

○ 희망 ☺

○ 자부심 ☺

○ 즐거움 ☺

○ 영감 ☺

○ 무재미 ☺

330

통신사 멤버십
활용처 알아보기

앞으로 적극 활용하기 위해!

- ○ 기쁨 😊
- ○ 평온 🙂
- ○ 희망 😁
- ○ 자부심 🙂
- ○ 즐거움 😆
- ○ 영감 🙃
- ○ 무재미 😶

333

평소 몰랐던
운동 경기의
규칙 알아보기

○ 기쁨   ☺

○ 평온   ☺

○ 희망   ☺

○ 자부심   ☺

○ 즐거움   ☺

○ 영감   ☺

○ 무재미   ◎

334

평소 안 먹던,
그러나 몸에 좋은
재료들로 샌드위치
만들어 먹기

○ 기쁨 😃
○ 평온 ☺
○ 희망 😆
○ 자부심 😊
○ 즐거움 😄
○ 영감 😌
○ 무재미 😗

평소에
듣지 않던
장르의 음악
들어보기

- ○ **기쁨** 😀
- ○ **평온** 🙂
- ○ **희망** 😆
- ○ **자부심** 🙂
- ○ **즐거움** 😁
- ○ **영감** 😌
- ○ **무재미** 😐

재즈, 힙합, 가요, 인디음악,
발라드, 클래식 등 어떤 음악을
제일 멀리 했나요? 그 이유는요?

마음의소리

336

포스트잇에
스마일 표시 크게 그려서
책상, 노트북 등
잘 보이는 곳에 붙이기

○ 기쁨 ☺
○ 평온 ☺
○ 희망 ☺
○ 자부심 ☺
○ 즐거움 ☺
○ 영감 ☺
○ 무재미 ☺

볼 때마다 따라 웃어요.

337

플라스틱
합성 섬유 옷 대신
천연, 유기농 섬유 옷
선택하기

- ○ 기쁨
- ○ 평온
- ○ 희망
- ○ 자부심
- ○ 즐거움
- ○ 영감
- ○ 무재미

내몸사용설명서

338

플랭크
30초씩
세 번하기

○ 기쁨 ☺

○ 평온 ☺

○ 희망 ☺

○ 자부심 ☺

○ 즐거움 ☺

○ 영감 ☺

○ 무재미 ☺

플로깅
인증하기

○ 기쁨 ☺
○ 평온 ☺
○ 희망 ☺
○ 자부심 ☺
○ 즐거움 ☺
○ 영감 ☺
○ 무재미 ⊙

plogging, 조깅을 하면서
쓰레기를 줍는 운동이래요.
건강과 환경을 한번에 지켜요.

아껴야잘살지

340

하루 동안
만 원으로
살기

- ○ 기쁨 😊
- ○ 평온 😊
- ○ 희망 😌
- ○ 자부심 😊
- ○ 즐거움 😆
- ○ 영감 🙂
- ○ 무재미 ⊙

평소 만 원으로 생활하고 있었다면
오늘만큼은 오천 원에 도전?!

341

오늘은
어떤 결심도
하지 않기

○ 기쁨   😃   쉬는 날!
○ 평온   🙂
○ 희망   😁
○ 자부심 😐
○ 즐거움 😆
○ 영감   😶
○ 무재미 😮

342

하루 동안
물 1리터 이상
마시기

○ 기쁨　　　　　　　　　　　　　　😀

○ 평온　　　　　　　　　　　　　　🙂

○ 희망　　　　　　　　　　　　　　😆

○ 자부심　　　　　　　　　　　　　🙂

○ 즐거움　　　　　　　　　　　　　😁

○ 영감　　　　　　　　　　　　　　🙂

○ 무재미　　　　　　　　　　　　　◎

자기계발추천

343

하루 세 끼
다른 식단으로
요리하기

○ 기쁨

○ 평온

○ 희망

○ 자부심

○ 즐거움

○ 영감

○ 무재미

344

하루 종일
바른 자세로
앉기

○ 기쁨 😃
○ 평온 🙂
○ 희망 😁
○ 자부심 🙂
○ 즐거움 😆
○ 영감 🙂
○ 무재미 😐

아랫배에 힘주고
허리는 꼿꼿하게 펴고,
가슴을 활짝 펴요.

내몸사용설명서

345

핸드폰
화면 글자 크기
키우기

눈 건강을 기켜요!

- ○ 기쁨 ☺
- ○ 평온 ☺
- ○ 희망 ☺
- ○ 자부심 ☺
- ○ 즐거움 ☺
- ○ 영감 ☺
- ○ 무재미 ☺

내몸사용설명서

346

한 시간에
한 번씩 일어나서
스트레칭하기

○ 기쁨

○ 평온

○ 희망

○ 자부심

○ 즐거움

○ 영감

○ 무재미

아껴야잘살지

347

한두 정거장 거리라면 자전거로 혹은 걸어서 이동하기

- ○ 기쁨 ☺
- ○ 평온 ☺
- ○ 희망 ☺
- ○ 자부심 ☺
- ○ 즐거움 ☺
- ○ 영감 ☺
- ○ 무재미 ☺

너와 나의 연결고리

348

함께 하루
만 보 걷기 챌린지
도전하기

- ○ 기쁨 ☺
- ○ 평온 ☺
- ○ 희망 ☺
- ○ 자부심 ☺
- ○ 즐거움 ☺
- ○ 영감 ☺
- ○ 무재미 ☺

349

해독주스
만들어 먹기

○ 기쁨 ☺

○ 평온 ☺

○ 희망 ☺

○ 자부심 ☺

○ 즐거움 ☺

○ 영감 ☺

○ 무재미 ☺

내몸사용설명서

350

한 끼는
저염식으로
먹기

○ 기쁨   😀

○ 평온   🙂

○ 희망   😀

○ 자부심   🙂

○ 즐거움   😁

○ 영감   🙂

○ 무재미   🔘

햄스트링
스트레칭하기

○ 기쁨
○ 평온
○ 희망
○ 자부심
○ 즐거움
○ 영감
○ 무재미

1. 양 발을 어깨 너비로 벌리고 자연스럽게 서요. 2. 무릎을 편 채로 상체를 천천히 앞으로 숙여요. 3. 허벅지 뒤쪽 햄스트링 자극을 느끼며 3~5초 유지해요. 덧, 유연성이 떨어지면 양 손을 무릎에 대고 하세요, 무리하진 마세요!

나만의행복버튼

352

콘서트 실황
라이브 보거나
듣기

○ **기쁨** 😄

○ **평온** 🙂

○ **희망** 😁

○ **자부심** 😐

○ **즐거움** 😆

○ **영감** 🙂

○ **무재미** 😶

콘서트 갔다 치고,
콘서트 분위기에 취해보세요.

353

혼자 고깃집에서
고기 구워
먹어보기

○ 기쁨　　　　　　　　　　　　　　😀

○ 평온　　　　　　　　　　　　　　🙂

○ 희망　　　　　　　　　　　　　　😃

○ 자부심　　　　　　　　　　　　　🙂

○ 즐거움　　　　　　　　　　　　　😁

○ 영감　　　　　　　　　　　　　　🙂

○ 무재미　　　　　　　　　　　　　◎

마음의소리

354

혼자 있기
가장 좋은 장소에서
5분 이상
시간 보내기

○ 기쁨

○ 평온

○ 희망

○ 자부심

○ 즐거움

○ 영감

○ 무재미

혼자선 못하니까,
물구나무 서기
도와주기

○ 기쁨

○ 평온

○ 희망

○ 자부심

○ 즐거움

○ 영감

○ 무재미

혼잣말하면서
텐션 올리기

○ 기쁨 ☺

○ 평온 ☺

○ 희망 ☺

○ 자부심 ☺

○ 즐거움 ☺

○ 영감 ☺

○ 무재미 ☺

거리두기가 디폴트인 시대,
혼자 있는 시간이 많아졌다고
그때마다 축 처지지 말아요, 우리!

357

오늘은
어떤 결심도
하지 않기

○ 기쁨   🙂

○ 평온   🙂

○ 희망   😄

○ 자부심   😊

○ 즐거움   😆

○ 영감   🙂

○ 무재미   😶

쉬는 날!

마음의소리

358

화장실 갈 때
핸드폰 두고
가기

○ 기쁨

○ 평온

○ 희망

○ 자부심

○ 즐거움

○ 영감

○ 무재미

환경과 관련된
영화 보기

○ 기쁨 ☺

○ 평온 ☺

○ 희망 ☺

○ 자부심 ☺

○ 즐거움 ☺

○ 영감 ☺

○ 무재미 ☺

「에린 브로코비치(2000)」,

「월-E(2008)」, 「더 코브(2009)」,

「마션(2015)」을 추천합니다.

지구를지키자

360

환경 보호
단체에
후원하기

○ 기쁨	☺
○ 평온	☺
○ 희망	☺
○ 자부심	☺
○ 즐거움	☺
○ 영감	☺
○ 무재미	☺

회사나 학교
수업 시간에
몰래 간식 먹기

- ○ 기쁨
- ○ 평온
- ○ 희망
- ○ 자부심
- ○ 즐거움
- ○ 영감
- ○ 무재미

나만의행복버튼

362

회사나 학교에서
한 번도
눈치 보지 않기

- ○ 기쁨 😃
- ○ 평온 🙂
- ○ 희망 😆
- ○ 자부심 😌
- ○ 즐거움 😄
- ○ 영감 🙃
- ○ 무재미 😐

회사 단톡방에서 눈치본 적 없나요?

363

휴가 중 하루는
무동력으로
다니기

○ 기쁨

○ 평온

○ 희망

○ 자부심

○ 즐거움

○ 영감

○ 무재미

아껴야잘살지

364

회의 때
한 말 또
안 하기

○ 기쁨 ☺
○ 평온 ☺
○ 희망 ☺
○ 자부심 ☺
○ 즐거움 ☺
○ 영감 ☺
○ 무재미 ☺

지구를지키자

365

휴지 대신 쓸
손수건 들고
외출하기

- ○ 기쁨
- ○ 평온
- ○ 희망
- ○ 자부심
- ○ 즐거움
- ○ 영감
- ○ 무재미

365일 동안 어떤 사람으로
1% 더 성장해왔는지 확인해볼 시간입니다.

7개의 카테고리별로 자신이 실천한 활동의
개수를 세어보세요.

◦ 지구를지켜라 = _____

◦ 너와나의연결고리 = _____

◦ 자기계발추천 = _____

◦ 아껴야잘살지 = _____

◦ 마음의소리 = _____

◦ 내몸사용설명서 = _____

◦ 나만의행복버튼 = _____

지구를 지키는 환경 운동가,
쫀쫀느슨 주변 사람을 챙기는 연결고리인
작은 것이나마 늘 시도한 자기계발인
절약에 힘쓴 미니멀리스트
마음의 소리에 귀 기울인 명상가
매순간 운동하고 운동 생각하는 체육인
행복한 순간들을 포착해 모으는 행복수집가

이 중에서 어떤 사람에 더 가까워졌나요?

365일 동안
1% 더

_____ 였습니다.

365일 동안 당신의 마음은 어땠을까요.
매 페이지 상단의 할 거리가 몸의 일이었다면
하단은 마음의 일입니다.

매 페이지 하단에 체크해놓은 각 기분의 개수를 세어보세요.

∘ 기쁨 = _____   ∘ 자부심 = _____   ∘ 무재미 = _____

∘ 평온 = _____   ∘ 즐거움 = _____

∘ 희망 = _____   ∘ 영감 = _____

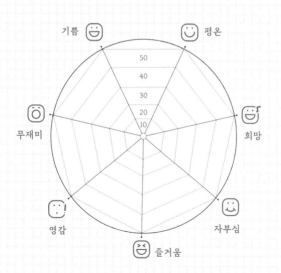

기분 때문에 아무 것도 하지 못하고,
반대로 기분 덕분에 무엇이든 할 수 있는 게
사람 일인 것 같아요.
365일 동안 행동한 만큼 마음도
1% 더 나아졌길 바랄게요.
그 마음 덕분에 다시 시작될 365일도
뭐든 할 수 있을 테니까요.
무재미였던 365일이었더라도 괜찮아요.
앞으로는 재미있기에만 집중하기로
마음 먹을 수 있으니까요.

365일 동안
1% 더

_____ (한) 기분이었습니다.

매일 1% 더 나아진 지금의 나,
작심일일 365번 한 소감을 적어보세요.

하루 한 번씩 해봤을 뿐인데,
'꾸준히 하고 싶다', '계속 할 수 있겠다'는 마음이 들었나요?
그런 당신을 응원하고 싶어요.